Storie e miti
208

Pietro Paolo Mennea

Inseguendo Bolt

Lungo un percorso che conosco

Con Daniele Menarini

Lìmina

ISBN 978-88-6041-147-1
Prima edizione Lìmina, settembre 2012
Seconda edizione maggio 2013

Progetto grafico: InProspettiva

www.liminaedizioni.it
info@liminaedizioni.it

Lìmina è un marchio di
TEA – Tascabili degli Editori Associati S.p.A.
Gruppo editoriale Mauri Spagnol

Indice

Approfondimenti

Le medaglie sono le cose a cui tengo di più in atletica. Ma ci sono cose più grandi, nella mia vita, delle medaglie e dei record.

Tommie Smith
Campione olimpionico dei 200 metri

Al lettore

Gli occhi non sono tutti uguali. Due uomini che guardano lo stesso evento, lo vedono e lo vivono in modo differente. Questo accade a causa della nostra esperienza, che ci fa leggere le cose della vita alla luce di quello che ci è successo e delle emozioni che si sono sedimentate nella nostra memoria.

Ai Giochi olimpici di Pechino 2008 si è accesa la stella di Usain Bolt. A ventidue anni ha vinto nei 100 metri, nei 200 e con la staffetta 4x100. Il mondo dello sport, comprensibilmente, si è fermato ad applaudire l'autore di una tripletta che, già di per sé, reclamava un posto nella storia.

L'impressione che maturò in me in quei giorni è che si fosse in presenza di qualcosa di ancora più importante, perché quei risultati, quello stile di corsa e, non ultima, la struttura fisica di quell'atleta stavano rivoluzionando il modo stesso di concepire la velocità.

Il desiderio di conoscere meglio il fenomeno Bolt sorse allora e si è infine tradotto in questo testo.

Al lettore propongo la mia riflessione in forma di diario. Situazione per situazione ho messo le nostre due vite in parallelo: l'infanzia, le prime gare, la crescita e il successo internazionale del campione giamaicano sono interpretati da me alla luce di quanto ho vissuto. Una scelta che mi ha indotto a effettuare frequenti richiami a quanto pubblicato ne *La corsa non finisce mai*, l'autobiografia redatta, come questo libro, con la collaborazione in stesura di Daniele Menarini.

Ho preferito scrivere in «presa diretta» commentando questi ultimi quattro anni con le impressioni maturate al momento, non a posteriori. Chi legge saprà come la pensavo quando ancora non si era vissuto l'epilogo straordinario di Londra 2012, che infine ho commentato. In chiusura ho aggiunto alcuni approfondimenti che ho ritenuto utili per una più completa comprensione della dimensione assunta da questo campione.

Ho scritto che con i Giochi del 2012 il mio «inseguimento» a Bolt è finito, ma ho al tempo stesso preso un preciso impegno con il lettore: non smetterò di occuparmi di questo «collega primatista» e se nella sua storia matureranno fatti così importanti, in positivo o in negativo, da costringermi a riaprire queste pagine, lo farò.

Pietro Paolo Mennea

Roma, 1° settembre 2012

1
Nati per inseguire

Quelle di noi velocisti sono vite parallele. Parallele come le corsie della pista.

Si corre gli uni a fianco agli altri, per cento o duecento metri.

Ci si sfiora, ma non ci si conosce mai.

Gli uomini in pista non si conoscono.

I velocisti, poi, al massimo si inseguono, in gara e nella vita.

Nella prima parte della mia carriera avevo inseguito Valerij Borzov, lo sprinter perfetto.

Il mio allenatore lo utilizzava come esempio quando mi tormentava con la lista dei miei difetti, interminabile. Poi l'avevo battuto, ma non conosciuto.

Accadde solo dopo la fine della sua carriera, nel 1980. Da delegato del Comitato organizzatore dei Giochi di Mosca, venne a farmi visita al villaggio olimpico. Mi regalò Misha, l'orsetto mascotte di quell'edizione. Era una mattina in cui tutto mi sembrava distante, soprattutto la possibilità di vincere i 200 metri, visto come era appena finita la mia partecipazione sui 100 piani: eliminato in semifinale. Io, primatista mondiale dei 200, io, campione europeo in carica di entrambe le distanze, eliminato in semifinale.

Mi riferì la sua sincera opinione. Mi aveva visto spento, non aveva ritrovato lo sguardo fiero che incrociava prima del via e che gli era rimasto impresso. Accennai ai problemi che mi stavo portando dietro.

«Devi guardarti dentro – mi disse mentre facevamo colazione –. Non pensare a tutto quello che hai fatto, ma a ciò che puoi tirare fuori adesso. Wells è davvero in forma, ma nei 200 metri io non ho mai visto una progressione come la tua, una seconda parte di gara così aggressiva. Cerca di tornare a mordere la pista».

Parlammo poi del suo Paese, di cui mi parve sinceramente orgoglioso, e del dibattito che nel mio aveva preceduto la spedizione della squadra. Mi parve di capire che fossimo entrambi convinti del valore dell'olimpismo e mortificati per come, in tutto il pianeta, la politica lo stesse inibendo e piegando a interessi di parte, di entrambe le parti che a quell'epoca si spartivano i destini dell'umanità.

Ci eravamo detti tutto questo per il tramite di un interprete, ma al termine di quell'incontro avrei sentito di conoscere anche l'uomo che stava dietro e dentro quell'atleta.

Da allora nel nostro rapporto è cambiato qualcosa. Nella mia casa di Roma c'è una piccola bacheca con i trofei, le coppe, le medaglie conquistate, le onorificenze ricevute. Misha, l'orsetto, è ancora lì.

Ricordo ancora il 16 ottobre 1968. Avevo sedici anni e gareggiavo con la maglia dell'Avis Barletta. Avevamo appena vinto la staffetta 4x100 del Trofeo delle Leve dello Sport, a Termoli. Nella piccola pensione dove pernottammo, mi incollai alla tv e vidi Tommie Smith vincere i 200 metri ai Giochi olimpici di Città del Messico in 19''83, record del mondo. In quella sera non sapevo ancora che avrei inseguito quell'uomo, come modello di vita, e quel record, come obiettivo. Non sapevo ancora che su quella stessa pista dello Stadio Universitario avrei portato il limite della specialità a 19''72. Che come Tommie «Jet» Smith avrei alzato le braccia al cielo prima del traguardo della finale olimpica e che come lui avrei pagato per le mie idee, le mie prese di posizione.

Una delle due più grandi soddisfazioni della mia vita sportiva è stato il primato del mondo. È durato diciassette anni, ma uno dei motivi per cui ne vado fiero è che mi ha dato l'occasione di incontrare Tommie, di scoprire come dietro un atleta fantastico ci fosse un uomo di grande umanità. Accadde l'anno dopo il mio primato, mentre ero a Los Angeles per un ritiro collegiale. Parlammo a lungo. Ancora adesso sinceramente non so dire se davanti a Tommie Smith sedesse il Mennea primatista del mondo o piuttosto il giovane Pietro che, borsa a tracolla davanti a una tv di legno e alluminio, da quella corsa olimpica in bianco e nero aveva tratto motivo per sognare a occhi aperti.

Tommie Smith rappresentava, e rappresenta, la storia della velocità, la tradizione di quella disciplina e incontrandolo, quel giorno, avevo capito di far parte di qualcosa di veramente grande.

Il 24 maggio 2011, a Roma, mi sono trovato nella stessa situazione a ruoli capovolti. Questa volta la storia ero io e avevo davanti il presente e futuro della velocità. Il giamaicano Usain Bolt, che per la prima volta era in Italia, per il Golden Gala, mi ha confessato: «È straordinario incontrarti. Hai tenuto il primato del mondo per quasi diciassette anni, vorrei che anche i miei record durassero altrettanto».

Io gli ho raccontato delle mie cinque Olimpiadi e dei moltissimi sprinter che avevo incontrato, di cui molti giamaicani e, tra questi, del più grande di tutti, Donald Quarrie. E che, secondo me, i suoi record sarebbero resistiti più a lungo del mio 19''72 e gli ho augurato buona fortuna per i Giochi olimpici di Londra.

Ero curioso di incontrare l'uomo che aveva risvegliato l'atletica, e l'idea e il bisogno di questa riflessione sono nati lì. Dopo aver inseguito e raggiunto Tommie Smith e Valerij Borzov, mi si presentava l'occasione per rimettere le scarpette chiodate ai miei pensieri e inseguire Bolt, ripercorrendone la vita per capirne allenamenti, qualità, potenzialità ed errori.

In fondo si tratta dell'ultimo frazionista di una staffetta che ha attraversato l'atletica moderna: Smith, Mennea, Johnson, Bolt, i quattro soli detentori del Mondiale dei 200 metri negli ultimi quarantaquattro anni.

Atleti profondamente diversi nel fisico e nel carattere, che proprio per questa loro diversità possono mettere a tacere tutti coloro che pretendono di codificare il prototipo del velocista ideale e dell'ideale allenamento.

Inseguire Bolt ha significato assegnare una corsia alla mia vita e una alla sua, e farle correre in parallelo dall'infanzia alla maturità agonistica. Ho messo sul piatto tutta l'esperienza che mi si è sedimentata nella memoria nel tentativo di raggiungere, più difficilmente conoscere, l'uomo che ha spostato forse 40 anni avanti i confini della velocità, che con lui si è forse avvicinata in accelerazione al limite umano estremo.

2
Infanzia, famiglia e corsie parallele

Dapprima l'asfalto che lasciava il posto alla ghiaia. Poco dopo la strada che finiva in un niente di campi e palazzi in costruzione. A quel punto era facile capire che ero arrivato in fondo alla città. Me lo dicevano anche le voci dei bambini, due mucchi di maglioni come pali di una porta, una palla a rotolare dappertutto. Le periferie erano anche questo: campi sportivi spontanei, dove trovavano un senso pomeriggi privi di televisione. Lo erano i cortili, anche. Delle case come delle scuole.

Oggi la televisione attende i bambini a tavola per colazione e non li lascia fino al momento di tornare a dormire. Oggi nei cortili condominiali campeggiano cartelli che vietano i giochi con la palla e ogni altra attività che può «recare disturbo alla quiete pubblica». Oggi uno spazio aperto è pericoloso per un bambino. Alla domanda «Perché non c'è più stato un altro Mennea?» si potrebbe rispondere già così, descrivendo quello scenario smarrito e ponendo l'accento sulla scomparsa del gioco dall'orizzonte dei bambini italiani.

Anche per le periferie, verrebbe da dire, esiste una versione da luogo comune: non sono più quelle di una volta. Di Mennea, secondo me, ce n'erano e ce ne sono tanti. Aggiungo: anche di più veloci. C'è solo un problema: non l'hanno mai saputo, non lo sapranno mai. Il loro percorso da un cartone animato a una consolle di videogioco non può intercettare le abilità motorie e, quando anche un insegnante se ne dovesse accorgere, la maggior parte del potenziale di quel ragazzo sarebbe già dispersa o comunque sbiadita per il non uso.

Quelle periferie, che da noi funzionavano come fucina di sportivi, non sono però scomparse ovunque. Hanno traslocato a fare da confine ad altri mondi. Le ritroviamo in ogni Paese cui la globalizzazione oggi concede un'opportunità. In Cina, come in India, in Asia come nell'America del Sud, intravedo uno stile di vita che forse ricorda da vicino quello dei miei genitori e della loro generazione. Un presente difficile, spesso sradicato dalla terra d'origine, affrontato ogni giorno sotto la spinta della speranza, la speranza di un futuro migliore. In questi contesti lo sport può essere ancora la strada che conduce a quel futuro: i campioni sono miti da imitare, il successo in pista può cambiare la vita.

Dalla Giamaica all'Italia c'è una distanza immensa, in geografia come in economia, ma tra la Trelawny del piccolo Bolt e la mia Barletta l'unica differenza consistente è il tempo. Il mio 1952 contro il suo 1986, anni di nascita che ci separano di 34 anni, la mia infanzia negli anni Cinquanta e negli anni della ricostruzione, la sua nei Novanta dei turisti che arrivano e dei musicisti giamaicani che da poco hanno conquistato i palchi di tutto il mondo. Per il resto prevalgono le analogie. All'inizio della storia di entrambi c'è un compagno di scuola che ce le suona di santa ragione e c'è un insegnante che si prende la briga di allenarci anche fuori dall'orario di scuola. E, soprattutto, nella storia di entrambi c'è un sogno grande da inseguire. Un percorso che conosco.

Lo stesso sogno

I media non hanno l'abitudine di spingere la propria curiosità dentro le rassegne mondiali giovanili dell'atletica. Nemmeno i quotidiani sportivi lo fanno sul serio, se non per segnalare le note di colore, registro che ormai mi sembra comandi il mestiere di giornalista e un po' lo appiattisca. Si cerca il figlio d'arte, per una vecchia fissazione sulla genetica, perché chi ha nel padre e nella madre un campione è facile che abbia ricevuto cromosomi di eccellenza. Vero, forse, ma riduttivo. Fino a prova contraria non si tramanda la motivazione, che nello sport, almeno in quello che Usain ora e io prima abbiamo vissuto, fa la differenza tra emergere e fallire.

Nella discarica dei sogni giacciono abbandonate molte delle cosiddette «promesse» dell'atletica, sia di quella italiana sia di quella mondiale. Sono tutti i ragazzi cui era stato spiegato che avevano del talento e che erano destinati a vincere. Ma è solo la forza mentale che ognuno di noi riesce a tirare fuori da se stesso che ci permette di traslocare il sogno dall'immaginazione di bambino alla realtà di adulto. Giorno per giorno, resistendo alla paura e al dubbio di aver avviato la propria esistenza verso un binario morto.

E il sogno di due uomini come noi, che la storia ha condannato a essere distanti, è stato lo stesso: essere l'uomo più veloce del pianeta, un desiderio che ha attraversato l'immaginazione di milioni di ragazzi di tutti i tempi. Il mito dell'uomo più veloce del mondo, da Mercurio messaggero degli dei ad Achille piè veloce fino ai supereroi della fantascienza, è un mito comune a mondi diversi in tutte le epoche della storia.

I più veloci sono coloro che detengono il record mondiale dei 100 e dei 200 metri, ma è sulla distanza doppia che si raggiungono le punte di velocità più elevata, grazie al fatto di percorrere lanciati, cioè senza partire da fermi, la seconda frazione di 100 metri.

Stesso sogno, stessa trasposizione nella realtà.

Il 12 settembre 1979 ho stabilito a Città del Messico il record del mondo dei 200 metri: 19''72. L'ho detenuto per quasi diciassette anni, esattamente per 6018 giorni. Questo è il valore misurabile di quel risultato, la sua «cifra tecnica». La durata, in particolare, ne attesta la consistenza. Ma se ci si ferma al record in sé, si perde di vista il valore storico e non misurabile di quella corsa, che per me rappresentava e tuttora rappresenta qualcosa di più di un'impresa sportiva.

Si trattò, allora, di riscrivere, nell'atletica, la teoria dell'allenamento, cancellando convinzioni radicate nella mente degli allenatori e nella mentalità degli appassionati, anche dei più competenti. Il record del mondo dei 200 metri era allora detenuto, come già ho ricordato, da Tommie Smith con il 19"83, ottenuto nella finale dei 200 metri dei Giochi olimpici di Città del Messico, il 16 ottobre 1968. Da quell'edizione delle Olimpiadi l'atletica ne era uscita profondamente trasformata. Gli statunitensi di colore avevano dominato la velocità maschile in ogni specialità, vincendo sia le prove individuali su 100, 200 e 400 metri piani sia le staffette 4x100 e 4x400, concedendo pochi posti sul podio a concorrenti di differente etnia o nazionalità.

Con una simile «razza superiore», era opinione comune, non ci sarebbe stato più niente da fare. Soprattutto nella velocità, dove (altra diffusa opinione comune) è il talento naturale che fa la differenza. Quando, sulla stessa pista dei Giochi del 1968, ho superato il limite di Tommie Smith, ho aperto una strada nuova nella velocità, dimostrando che gli sprinter bianchi erano in grado di fare meglio degli atleti di colore e ho indicato la via da seguire e il metodo da applicare per scendere sotto i 20 secondi.

Anche Bolt è stato in qualche modo chiamato a spostare un po' più in là muri e confini dell'atletica. Ha stabilito due record che al momento di scrivere queste parole appaiono irraggiungibili da ogni altro uomo al mondo. Ha corso i 100 metri in 9"58 e i 200 metri in 19"19. Sono queste le barriere da battere, oggi, nella velocità.

Ogni record rappresenta uno spostamento di limite, ma in questo caso siamo in presenza di qualcosa di più, direi che abbiamo assistito a una mutazione, un salto biologico. Qualcosa di più di un miglioramento del limite umano. Bolt ha traslocato lo sprinter in un'altra dimensione. Come ho già ricordato, durante l'incontro di Roma Usain mi disse: «Spero che i miei record possano durare come il tuo». Credo che anche in futuro saranno pochi gli atleti che potranno tentare di avvicinare i limiti del giamaicano.

Origini parallele

Le nostre origini corrono in qualche modo parallele. Le nostre famiglie erano composte di lavoratori poveri e la mia ha avuto un ruolo fondamentale nella realizzazione dell'atleta che sono diventato. Mio padre era sarto e mia madre, casalinga, lo aiutava a confezionare gli abiti. Non mi vergogno ad ammettere che l'atletica, a un certo punto, ha rappresentato una possibilità di riscatto sociale. La mia è stata l'avventura di un ragazzo di provincia che, come altri coetanei, voleva superare i limiti di una piccola città, di un contesto sociale che non offriva quasi niente. Il mio destino di campione dello sport è cominciato a Barletta, profondo Sud, con le sue difficoltà. Tutti noi ragazzi abbiamo sentito il bisogno di cambiare qualcosa in quell'angolo di mondo dove eravamo nati e, come per certi grandi pugili, per alcuni di noi lo sport ha rappresentato la strada per un futuro migliore, ma soprattutto per un futuro possibile. Pensate a Cassius Clay, poi Muhammad Ali. Le analogie sono evidenti, intuitive.

Anche la famiglia di Usain è una famiglia modesta. I suoi genitori sono piccoli negozianti che gestiscono una drogheria. Nonostante la distanza e le differenze dalla mia realtà, la stessa Giamaica ripropone condizioni di vita simili: difficoltà economiche e scarsissime opportunità per dei giovani che vogliano realizzare i propri sogni. Le periferie delle città, enormi sacche di miserie d'ogni genere, segnano spesso il destino di tanti ragazzi, soggetti passivi della piccola malavita e della criminalità organizzata.

Dall'orizzonte di Bolt sono sparite da tempo le nubi delle preoccupazioni materiali. A meno che non prenda in futuro decisioni sconsiderate – che, valutando il suo carattere, non credo assumerà –, grazie a ciò che ha realizzato fino ad oggi nello sport non avrà problemi economici per tutto il resto della vita. Molti dei suoi coetanei di quell'angolo di mondo dovranno invece impegnarsi alla morte per individuare una propria via di sopravvivenza.

Tutto un altro fisico

Quello che abbiamo proprio di diverso, Bolt ed io, è la conformazione fisica. Il giamaicano è alto 196 centimetri e pesa 86 chilogrammi, mentre io misuro 179 centimetri e pesavo 69 chili. La mia taglia ristretta fece dichiarare a Carlo Vittori: «Pietro è un velocista atipico, piuttosto leggero, sembra scomparire quando si trova spalla a spalla con gli altri "big" della velocità. E se c'è vento contrario è chiaramente danneggiato».

Il mio fisico non era proprio niente di eccezionale. Da quello è stato tirato fuori quasi il massimo nel corso di una carriera lunghissima (1968-1988), nella quale mi sono sottoposto a carichi di lavoro non immaginabili per chiunque altro.

Usain Bolt, al contrario, possiede qualità rare, forse uniche, che solo in pochi atleti si possono riscontrare: una di queste è la statura di 196 centimetri, misura insolita per un velocista. Se si prendono in esame i primi tredici atleti che hanno corso la distanza dei 100 metri in meno di 9''96, si nota come abbiano una statura media di 1,834. Di questo gruppo i più piccoli, con 1,76, sono l'americano Greene, il nigeriano Fasuba e il trinitiano Boldon. Secondo alcuni esperti di atletica, lo sprinter che si avvicina di più a Bolt è il portoghese di origine nigeriana Francis Obikwelu, che detiene il record europeo con 9''86 (2004). In Italia, i velocisti più alti siamo Berruti e io, rispettivamente con 1,80 e 1,79. Il grande Jesse Owens era alto appena 1,78. A mio parere, l'atleta del passato che più si avvicina per conformazione fisica a Usain è Tommie Smith, ma rispetto a quest'ultimo, il giamaicano è più robusto e quindi più potente. A oggi, con la sua altezza e il suo peso, Usain Bolt è il primatista mondiale dei 100 metri più alto e più pesante della storia, 18 centimetri in più del leggendario Jesse Owens, 17 centimetri in più del sottoscritto, 8 più di Carl Lewis.

È naturale che l'evoluzione del corpo umano influisca sulla prestazione agonistica di un atleta. Secondo una ricerca scientifica pubblicata dalla rivista «Journal Experimental Biology», che ha analizzato i dati morfologici di molti velocisti e nuotatori dell'ultimo secolo, l'altezza dei campioni è cresciuta più di quella media del resto della popolazione.

Adrian Bejan, professore di ingegneria alla Duke University, ha rivelato che: «Gli atleti d'élite stanno diventando sempre più alti e grossi, e anche più veloci. Negli ultimi cento anni la statura dei nuotatori più bravi è aumentata di 11,2 centimetri, rispetto ai 5 centimetri della media mondiale. Nello sprint l'incremento è stato anche superiore, 16 centimetri. Più del triplo».

Se ci si confronta con gli atleti dell'antica Grecia si può notare come i campioni dell'epoca fossero più bassi del 30% rispetto a quelli di oggi. Secondo l'illustre professor Bejan, la velocità nell'atletica e nel nuoto sarà dominata in futuro da super atleti, e a tal proposito ha dichiarato: «La crescita delle masse corporee aumenta in proporzione alla velocità massima raggiunta in gara».

La tesi del ricercatore dell'Università statunitense è avvalorata dal confronto con i primatisti del passato:

Atleta	**Record del mondo 100 metri**	**Altezza (in cm)**	**Peso (in kg)**	**Distacco da Bolt**
Eddie Tolan	10''3 (1932)	168,5	55	7 metri
Jesse Owens	10''2 (1936)	178	74,8	6 metri
Bob Hayes	10''0 (1964)	183	86	4,1 metri
Carl Lewis	9''86 (1991)	188	81,6	2,7 metri
Asafa Powell	9''74 (2007)	190	82,5	160 centimetri
Usain Bolt	9''58 (2010)	196	86	

Questa tesi trova riscontro nei dati di punta delle gare di velocità. Se invece si prendono in esame altre discipline sportive, come ad esempio la maratona, la teoria viene meno.

Lo sostiene Ken Van Someren, direttore dell'Istituto Inglese di Scienze Sportive che, nel luglio 2009, ha dichiarato al «Guardian»: «Gli sprinter dei 100 metri sono sicuramente più possenti e muscolosi di un tempo e probabilmente in futuro saranno anche sempre più alti, ma se guardiamo alle altre discipline, come la maratona, questa tendenza non è rispettata. Il bello dello sport è che c'è sempre un traguardo che chiunque può raggiungere, indipendentemente se si è belli o brutti, con un fisico scolpito o sgraziato».

Usain Bolt, con i suoi risultati, ha rivoluzionato lo sprint, al punto che paragonarlo agli atleti del passato è, oltre che difficile, aleatorio. Sportivi con le sue qualità sono molto rari. Solo in determinati atleti, fortemente motivati, possono combinarsi quegli elementi di base che vengono sviluppati e chiamati in causa nell'allenamento di un velocista (aspetti neuromuscolari della forza, forza veloce generale, forza veloce specifica, resistenza aerobica e anaerobica).

Secondo Richard Ferguson, docente di Fisiologia alla Loughboraugh University della Gran Bretagna, la chiave del successo di Bolt è dovuta alla sua altezza. Più precisamente alla lunghezza dei muscoli delle gambe, che sono superiori alla media e che gli consentono di correre i 100 metri con 40-41 falcate, a fronte di una media di 45-48 dei suoi avversari. Oggi Usain Bolt rappresenta una magnifica macchina da corsa che alle sue qualità abbina giusti carichi di allenamento, anche se nella preparazione del giamaicano vi sono spazi di miglioramento soprattutto relativamente alla resistenza alla velocità.

Può sembrare azzardato parlare di margini di miglioramento a proposito di un atleta che ha portato così avanti i confini umani della velocità, ma se esaminiamo in parallelo le due gare dei record mondiali dei 200 metri, e cioè quella di Bolt (19''19) e la mia (19''72), notiamo che Bolt ha corso la seconda parte della gara (secondi 100 metri) in 9''27 e io in 9''44. La differenza di 17 centesimi è troppo esigua tra due atleti che vantano sui 100 metri rispettivamente tempi di 9''58 e 10''01. Questo deve e può farci riflettere a fondo.

Il giamaicano, ferma restando la velocità di base e lavorando di più sulla resistenza alla velocità lattacida, sicuramente è in grado di migliorare il suo record di 19''19 sui 200 metri.

La grande resistenza alla velocità si costruisce con allenamenti specifici e tanto impegno.

Oggi, Usain Bolt, all'età di 26 anni circa, è un grandissimo atleta e ha una rilevante capacità di recupero, in grado di sostenere sedute di allenamento a cui solo campioni molto preparati possono sottoporsi. Una condizione che io sono riuscito a costruire solo con gli anni, realizzando la stagione «perfetta» sui 200 metri al decimo anno di attività sportiva di livello internazionale. E con una costanza durissima, unica al mondo.

Prima della gara dei Giochi olimpici di Mosca, Carlo Vittori, a proposito del mio record mondiale conseguito a Città del Messico, ha detto: «Abbiamo rivisto il filmato di quella corsa molte volte e ho avuto la conferma della mia impressione immediata. Nei primi 120-130 metri Pietro commise parecchi errori, soprattutto sbagliò in curva. Senza quelle pecche avrebbe fatto meno di 19''60, un tempo strabiliante». All'epoca sì: 19''60 sarebbe stato in effetti risultato strabiliante.

	Usain Bolt (19''19)	**Pietro Mennea (19''72)**
Tempi di reazione	0,133	
Vento	- 0,3 m/s	+ 1,8 m/s
Velocità media	37,519 km/h 10,42 m/s	36,511 km/h 10,14 m/s
Primi 100 metri	9''92	10''28 (elettronico) 10''04 (manuale)
Secondi 100 metri	9''27	9''44
Secondo classificato	A. Edwards (19''81)	L. Dunecki (20''24)
Vantaggio sul secondo	6,20 metri	5 metri
Peso corporeo	86 kg	69 kg
Altezza	196 cm	179 cm
Passi nei 100 metri	41 passi 2,44 metri al passo (9''58)	46,3 passi 2,36 metri al passo (10''01)

Valutate voi queste tabelle, mi sembra che le nude cifre parlino da sole.

Pietre miliari

Il 23 giugno 1996, Michael Johnson ha battuto il mio record mondiale dei 200 metri correndo la distanza in 19''66.

Quel giorno si era esaurita la mia frazione con il passaggio del testimone di detentore al texano, per il quale avevo rappresentato una silenziosa scomoda ombra da inseguire con la mente.

Così diverse erano le mie gambe dall'ipertrofico apparato muscolare di cui lui disponeva, tra bicipiti, tricipiti e quadricipiti femorali. Così diversi eravamo nell'assetto di corsa: io teso a cuneo, sempre alla ricerca dell'avanzamento. Lui quasi impettito, molto verticale da subito, con un uso minore delle ginocchia in avanti e uno sviluppo incredibile della spinta posteriore di piede.

Avesse dovuto allenare uno così, Vittori, alla prima ripetuta, avrebbe gridato: «Ma quello perde i piedi», che era un'espressione da campo per indicare quel tipo di corridore la cui falcata, vista di profilo, pare svilupparsi soprattutto dalla verticale del busto verso l'indietro, in genere perché non si è lavorato abbastanza con la tecnica di corsa e non ci si è abituati a portare le ginocchia in alto nel momento in cui comincia l'avanzamento del passo.

Proprio queste profonde differenze di stile di corsa e di struttura fisica, però, paradossalmente fanno di Johnson e di me due atleti della stessa categoria. Quella dei velocisti che, con la propria vicenda agonistica, hanno dimostrato che non esiste un modello unico di sprinter da primato e di conseguenza una metodologia d'allenamento universalmente valida. Esistono certamente i principi generali, oggi ben documentati a livello scientifico, ma che non approdano a niente se non interviene la capacità di applicarli alle caratteristiche del singolo atleta, sia fisiche sia psicologiche.

Ai Giochi olimpici di Atlanta '96, con la doppia vittoria nei 200 e nei 400 metri, Michael Johnson ha inoltre dimostrato, se ancora ce ne fosse stato bisogno, l'esistenza e la solidità della figura del velocista resistente, che in qualche modo aveva cominciato a essere disegnata con la mia esperienza. Da quel 23 giugno 1996 è cominciata la sua frazione, che sarebbe durata 4441 giorni, mettendo dentro anche il miglioramento del record ottenuto ai Giochi di Atlanta, il micidiale 19"32 a livello del mare. Una prestazione incredibile. Credetemi.

Il 20 agosto 2008, di nuovo nell'eccellenza di una finale olimpica, un atleta ancora una volta completamente diverso ha raccolto il testimone, portando il record a 19"30 e migliorandolo ancora, l'anno successivo, fino all'incredibile 19"19.

Un atleta diverso da me, da lui, da Tommie Smith.

Usain Bolt, sin da ragazzo, soffre di scoliosi: la schiena è incurvata verso destra e a causa di questo inconveniente la gamba destra dell'atleta è più corta della sinistra di circa 1,25 centimetri.

Questo problema gli è stato riscontrato dopo le Olimpiadi di Atene, nel momento in cui interruppe il rapporto di collaborazione con il tecnico Coleman e passò sotto la guida tecnica di Glen Mills, che gli consigliò di sottoporsi a un accurato controllo. Il medico che lo visitò, una volta diagnosticata la scoliosi, affermò che questa patologia era talmente grave che non gli avrebbe consentito di continuare con l'agonismo.

Bolt si preoccupò talmente che chiese anche il consulto del chirurgo Hans Müller-Wohlfahrt, il quale, pur confermando la patologia, lo rassicurò, garantendogli che nonostante l'inconveniente avrebbe potuto proseguire con l'agonismo.

Inseguendo Bolt

Siamo nell'epoca del cosiddetto «virtuale». Bene: mettiamo virtualmente Bolt e Mennea sulla stessa linea di partenza di una gara di 100 metri e vediamo che cosa succede.

Quella prova micidiale, che dura il tempo di un respiro, io riuscivo a correrla in 42,3 passi (2,36 metri a ogni falcata). Quando il giamaicano ha corso la distanza in 9''58 (record mondiale), ha effettuato 41 passi dell'ampiezza di 2,44 metri e ciò rappresenta una bella differenza a favore di Bolt. Gli allenatori più bravi, che guardano la corsa dell'uomo dal punto di vista della biomeccanica, della fisica dei movimenti umani, per intenderci, ci spiegano che la velocità è una cosiddetta qualità «complessa», e usano la parola «complessa» nel significato che ad essa dà la chimica: una sostanza chimica è complessa quando è formata da due o più sostanze «semplici».

La velocità, dunque, è una qualità fisica complessa in quanto formata da due qualità semplici: la rapidità e l'ampiezza del passo. La rapidità del passo è misurabile con la frequenza: si contano quanti passi riesce a fare un atleta nell'unità di tempo. L'ampiezza del passo si misura e basta. È la cosiddetta «falcata»: 2,44 metri per Bolt, 2,36 metri per Mennea.

Poniamo che Bolt e Mennea abbiano la stessa frequenza, riescano a fare, cioè, lo stesso numero di passi nell'unità di tempo considerata: Mennea resterà indietro rispetto a Bolt di 8 centimetri ad ogni passo. Quando Bolt, dopo 41 passi, raggiungerà il traguardo dei 100 metri in 9''58, Mennea sarà distaccato di 328 centimetri (8 centimetri a passo, moltiplicati per 41 passi), cioè 3,28 metri.

A quel punto, per tagliare il traguardo, a Mennea mancherebbe un passo e un po' ed è difficile che per coprire un passo e un po' Mennea impieghi 43 centesimi, cioè quasi mezzo secondo. Già, perché il mio primato personale sui 100 metri è 10''01. E se il mio tempo è 10''01, quando Bolt arriva, io non sono ancora a 328 centimetri da lui, ma nettamente più indietro.

Se ne deve dedurre che Bolt non ha solo un'ampiezza maggiore di Mennea, ma anche una frequenza più elevata. In parole povere, a effettuare i suoi 41 passi impiega un tempo più breve di quello che occorre a Mennea per effettuare i suoi 42.

Tutto questo è banale, se si vuole, ma è da questi ragionamenti che occorre partire per analizzare un fenomeno della portata di quello di Usain e comprendere che non è esagerato ritenere, come ho affermato poco prima, e come ripeto spesso a chi me lo chiede, che Bolt ha trasferito la figura dello sprinter in un'altra dimensione.

L'attenzione dell'allenatore, a questo punto dell'analisi biomeccanica, finisce per essere catturata da un particolare: la differenza dell'ampiezza del passo tra Bolt e Mennea è di 8 centimetri. Troppo poco per una differenza di altezza di 17 centimetri e una di 17 chili di peso corporeo. L'ampiezza del passo dipende dalla forza che l'atleta è in grado di sprigionare al momento in cui comincia a spingere col piede sul terreno. Io, sulla forza ho lavorato molto, per sopperire alla differenza di struttura fisica che mi distingueva dagli altri velocisti di vertice. I miei lavori in palestra lasciavano tutti stupefatti. Sono noti alcuni episodi che qui riporto velocemente.

Il primo: lo statunitense di colore Steve Williams era forse il più dotato velocista della mia epoca, un talento fenomenale, come se ne sono visti pochi nella storia. Poteva ricordare un po' Bolt nell'aspetto fisico, anche se non era alto come Usain e rispetto a lui era più massiccio. Quando gli mostrai i miei quaderni d'allenamento rimase senza parole: «Se facessi una settimana delle tue, sarei morto», mi disse.

Il secondo: per un certo periodo l'inglese Jenkins, campione europeo e fenomeno dell'epoca sui 400 metri, venne ad allenarsi a Formia. Mostrò a Vittori il suo programma di una settimana di allenamento: «Ma questo Pietro lo fa in un giorno», fu il commento del mio burbero e durissimo allenatore.

L'ultimo: il professor Vittori veniva, e viene ancora oggi, spesso chiamato a tenere conferenze sulle metodologie d'allenamento. In queste occasioni gli capita di mostrare i miei programmi di lavoro. Al termine di una conferenza tenuta all'estero, uno dei presenti ha chiesto se l'atleta che aveva svolto quelle esercitazioni fosse sopravvissuto! Io sono vivo, godo, ringraziando Dio, di ottima salute e mi sono presentato ai miei sessant'anni in ottima condizione.

Eppure ho lavorato molto sulla forza, proprio per sopperire al fatto di essere il più minuto degli sprinter della scena mondiale. Da questo confronto si deve dedurre che Bolt non sta sviluppando abbastanza quest'aspetto dell'allenamento?

È difficile da affermare senza essere nei suoi panni. Chi sviluppa la forza deve sempre stare attento a mantenere efficienti la rapidità e l'elasticità, senza le quali è facile ritrovarsi paradossalmente più potenti, ma più lenti. È una questione d'equilibrio e questo rende l'allenamento del velocista molto impegnativo.

La domanda su quanto Bolt stia o meno lavorando per esprimere al meglio il suo enorme potenziale resta però importante. L'altra differenza tra lui e me, infatti, è l'approccio allo sport e quindi agli allenamenti: in 20 anni di attività sportiva mi ha sempre accompagnato una «cultura del lavoro» che ancora oggi solo in pochi riescono ad avvicinare.

Non avrei mai ottenuto i risultati che sono riuscito a conseguire e non avrei mai potuto continuare a migliorare le mie prestazioni così a lungo senza un lavoro metodico e costante, senza rinunce e senza un sacrificio «monacale», approccio che vale per chiunque voglia raggiungere importanti risultati in qualunque disciplina sportiva. Durante la mia lunga carriera ho visto numerosi talenti inespressi o espressi solo parzialmente, proprio per difetto di allenamento, per la programmazione agonistica sbagliata, per una mancanza di volontà. Ho visto atleti, che avrebbero potuto salire molto in alto, cedere invece di colpo, abbandonare i raduni collegiali di preparazione o rallentarne il ritmo, rassegnandosi ad altri destini, perché non riuscivano ad affrontare il sacrificio quotidiano.

Tutto ciò a me non è accaduto grazie alla forza di volontà, alla tenacia e alla voglia d'arrivare per dimostrare sempre, prima di tutto a me stesso, che potevo farcela.

Sono stato, infatti, un atleta competitivo per diversi mesi all'anno, riuscendo a esprimere e a mantenere negli anni un livello agonistico costantemente elevato.

Usain, oggi, è l'Atletica. In termini di popolarità della disciplina, capacità di attrarre pubblico e quindi sponsor, diritti tv e potere politico-sportivo, di fatto l'atletica dipende da lui.

«L'uomo chiave dei Giochi», l'ha definito Lord Coe che, dopo aver stupito il mondo sul doppio giro di pista, nel feroce e fantastico mezzofondo degli anni Ottanta, è stato messo a capo del comitato organizzatore di Londra 2012.

Uomo chiave davvero. Molto più di un grandissimo Carl Lewis, il leggendario «Figlio del Vento», lui, Usain Bolt, supercampione giamaicano, condiziona in tutto e per tutto le Olimpiadi. Se sta, se starà male, dopo il 28 luglio ci saranno problemi enormi e lui, ora, benissimo non sta.

A Ostrava ha corso male, malissimo. Anche i mostri patiscono il fuso. Collins e Clarke sembravano suoi simili. Era sparita la differenza, lo stacco di tecnica e classe che lo ha reso irraggiungibile ancor prima di partire. «Un re senza corona e senza scorta», cantava Fabrizio De André.

Non si era mai visto Usain correre così male. Solo mancanza di sonno? Non è un problema da poco. Lo ricordo anch'io questo problema, quando, dopo l'oro di Mosca, mi trovai carambolato in Cina e Giappone a inseguire record e far incassare migliaia di biglietti riproponendo il numero da circo della rivincita dell'olimpiade mancata, da concedere ad americani ed europei come me sempre più stanchi. Aeroporto, hotel, stadio, hotel, aeroporto. E lancette d'orologio da spostare in continuazione: «Dunque... adesso qui sono le...?». Il recupero, la sete di riposo che il corpo urla, vera benzina dell'atleta, viene meno, si disperde nelle sere passate sul letto ad aspettare un sonno che non arriva. Occhi che bruciano, testa ovattata. Quanto resta anche di questa notte?

Usain, quest'anno, molto ha lavorato in palestra, sulla potenza, prima, e sulla partenza, poi, anche per scacciare il tarlo onnipresente della «falsa» di Daegu.

Oggi esce dai blocchi in modo più maturo. Sembra aver capito che la partenza non è il momento dell'esplosione, ma solo l'inizio dell'accelerazione. Nonostante la facile metafora offerta dai blocchi di partenza, il velocista non è un missile sulla rampa di lancio, ma un aereo che decolla. Questo mi inculcò Vittori, questo sembra aver capito anche Usain: meno ampiezza subito, quindi. Primo appoggio fuori dai blocchi più corto. Frequenza prima di tutto. Ampiezza solo quando serve, ad assetto rialzato. Pazienza, per cominciare, strana e terribile compagna quando il cronometro risucchia centesimi allontanando il record e tenendo incollati in fondo all'occhio avversari sempre pronti a uccidere il capobranco.

Di nuovo la mano di mago Mills, che ha inserito modifiche sulla sua creatura preferita allontanandola ancora un po' da quell'idea barbara di velocità per cui la potenza è tutto. Idea espressa, da Ben Johnson in poi, da masse muscolari spaventose e all'apparenza anche inutili. Espressa soprattutto e purtroppo dagli Stati Uniti, la cui lista di fenomeni bloccati dall'antidoping dovrebbe essere vissuta come una vergogna dalla prima potenza atletica mondiale.

Se a Kingston, debutto di stagione, lo avevamo visto correre un buon 9''82 in 41 passi, a Ostrava con la stessa frequenza ce lo siamo ritrovati sul traguardo con un misero, per lui, 10''04.

Qualcosa, forse, non torna. I gesti non sembrano naturali, manca di distensione. Era un mio problema, lo ricordo bene. Succede quando la rabbia si impossessa delle tue fibre e le contrae con scariche nervose fuori controllo, nel momento in cui invece non si dovrebbe fare nient'altro che lasciar uscire tutta l'energia accumulata, come un fiume che non cerca che il mare.

Cosa c'è dietro questo cocktail micidiale di esitazioni e pesantezze da lavori non del tutto smaltiti? In fondo, penso, sappiamo molto poco della psicologia di Usain. Sappiamo quel poco che i suoi comunicatori ci trasmettono: Giamaica, poveri ma belli, sabbia-sole-mare, famiglia felice, musica-musica-musica.

Che il tentativo di dover ogni volta aggredire il 9''58 finisca per condizionarlo troppo? Nessun 200 metri in agenda, all'inizio della stagione. Anche questo non è un buon segnale per un «mostro» come lui.

Il carico di responsabilità, evidentemente, non è meno pesante del carico dei bilancieri negli allenamenti in palestra. Per la finale dei 100 metri piani (domenica 5 agosto, ore 21.50) la biglietteria di Londra 2012 ha ricevuto più di un milione di richieste.

Non ci si aspetta un Phelps in questa trentesima edizione dei Giochi, toccherà a Bolt incendiare i cuori di tutto il mondo con la favola del campione che colleziona medaglie d'oro da conquistare a suon di record. Questo, secondo me, Usain lo ha ben presente e, credetemi, non è proprio una bella compagnia. Lo dico perché mentre provo a immaginare la condizione del giamaicano, un brivido lungo la schiena fa riaffiorare dopo trentadue anni la mia vigilia dei Giochi di Mosca: da una parte i giornali di tutto il pianeta che parlavano del Mennea primatista mondiale favorito per l'oro, dall'altra il mio mal di schiena perdurante e i diari d'allenamento dei due anni precedenti, che raccontavano di tempi e pesi sollevati in una condizione già strepitosa, diversa dalla gabbia di dolore in cui mi muovevo in quell'inizio estate del 1980. Campanelli d'allarme che mi tormentavano nel sonno per dirmi: «Pietro, non ci siamo: devi galoppare, la gara della vita è lì che arriva!».

Maurice Greene, prima di Bolt, dominava la velocità mondiale. Il suo biglietto da visita dice: 5 volte campione del mondo, 2 ori olimpici, 54 volte sotto i 10'' nei 100 piani.

È sua opinione che Bolt sia partito male per l'avventura olimpica e che a Londra rischi una brutta fine se non ritrova subito, nell'inesorabile sgocciolare di questi giorni d'estate, la fame di vittoria e se non si allena tutti i giorni «alla Mennea». «Se non ha fame, se lo mangiano», digrigna Green.

«Quello che lui deve dire e dimostrare al mondo è se ha ancora voglia di sacrificarsi o se è già sazio, appagato. Lo conosciamo bene. È il più grande. Forse il più grande di sempre. Ma non ha mai avuto molta voglia di sudare, allenarsi, sputare sangue, insomma. Se ha lavorato e lavorato duro, non c'è problema: li straccia tutti. Se è frollo, ha molleggiato, si è divertito e basta, la pagherà. E sarà sale amaro. Come l'anno scorso del resto. Avvisatelo, stimolatelo, voi che potete. Un Bolt normale è battibile, un Bolt super sta su Marte e i nani sulla terra. Ma non può e non deve bluffare, prima di tutto con se stesso. Sennò, è l'inizio della fine».

«Per essere il numero uno non devi allenarti da numero sei, questa è la regola base. Devi solo avere fame, altrimenti sarai mangiato».

E la fame la trovi solo dentro, aggiungo dopo aver provato. Cos'altro può indurre al sacrificio uno che è già straricco, di allori e di denaro? Quanto ricava solo dal contratto con la Puma USA? Cosa gli cambia nella vita con un milione in più o un milione in meno? Vive come un re, ha già tutto quello che vuole. Ma la dignità, l'orgoglio non hanno prezzo. *Over the top*, il più grande del mondo. Ricordate Cassius Clay? «La cosa più bella è alzarsi la mattina, guardarsi allo specchio e poter dire ancora: "Io sono il più grande"». Poterlo dire sempre, firmarlo ogni momento. Quanto vale, Usain, quanto vale tutto questo? Quanto di quello che guadagnano sarebbero disposti a cedere i tuoi avversari pur di vivere un giorno da Bolt?

Digrigna ancora il nostro grande Greene: «Non si sbatte troppo, purtroppo, gli piace rilassarsi, ma intanto Blake gli ha preso le misure. E ricordatevi che nei 100 metri paghi ogni momento di paura, di fragilità. Poi, non c'è più tempio per recuperare».

La dico grossa: io avrei battuto Bolt.

Io morivo, per togliermi i 100 dalle mani mi dovevano uccidere. Cedo, ma solo da morto. Borzov lo sa bene.

Lo avrei battuto. È grandissimo, ha le leve lunghe, è alto. Ma stringere davvero i denti e andare controvento è un'altra cosa. I 100 sono come un pugnale, ti trafiggono e tu devi vedere solo la tua corsa, fare la tua corsa a qualunque costo. Altrimenti sei fregato, ancor prima di partire. Certo, non sei Lord Brummel al circolo di Cambridge... Io combattevo.

Già, viene spontaneo ripensare all'incredibile incontro di Kinshasa. Generazione Bolt, guardate quella pellicola, scaricatela. In italiano si intitola *Quando eravamo re*.

Ali, *Ali bunna ye*, era bello, molto, a vedersi. Ma era fragile molto, dentro e fuori. Si stava separando, aveva 35 anni, il fisico, la reattività non erano più quelli. Era bello, Ali. Dall'angolo, Angelo Dundee gli recitava il mantra più antico del mondo: «Vola come una farfalla, pungi come un'ape», ma sul ring contro Foreman, dinamite di giovinezza, non c'era il Cassius Marcellus Clay scoperto giovanissimo, portato all'oro olimpico, disintegratore di avversari col «labbro» prima che col pugno, a gong ancora da suonare. E non c'era nemmeno il Muhammad Ali compreso, accettato nella nuova fede combattente, difeso nel rifiuto della guerra in Vietnam, aspettato fuori dal carcere, ricostruito ancora. Eppure il vecchio allenatore geniale si ostinava a ricordargli la regola che lo aveva fatto trionfare, cambiando le regole, quelle del pugilato. Non si era mai visto un peso massimo danzare come un welter. Farfalla, appunto, e ape quando occorre. No: niente Cassius Marcellus Clay, niente Muhammad Ali. Su quel ring dell'«incontro del secolo», era salito un uomo con dieci anni in più, la controfigura hollywoodiana del talento puro di allora. E attorno, il circo Barnum che era diventata la boxe, con il Mangiafuoco Don King alla biglietteria, grottesco di capelli e di sigaro cubano. Il «dittatore del business», il primo grande business Africa-Usa.

Ali, Bunna ye, cantavano i ragazzini. Ali, uccidilo. E Ali correva nel vento e non dormiva la notte.

Ma poi, la notte magica, quella delle centomila stelle, la molla scattò. Mentre le prendeva di santa ragione, chiuso in una guardia mandata a memoria, il vecchio pugile frugò nelle tasche del cuore e trovò in mezzo al dolore qualche goccia che non era sudore ma perle dell'antica classe, necessarie e sufficienti al capolavoro: attese il primo attimo di esitazione di Foreman e lo fulminò con quell'uno-due che fa parte della storia. Non della storia dello sport, della Storia. Muhammad Ali, allora, davvero salì sul tetto del mondo. Il più grande di sempre.

Dove pensate che abbia trovato la forza, se non dentro di sé, solo dentro di sé, nel suo grandissimo orgoglio di campione?

Torniamo al mio amico Bolt.

Dovrebbe andare all'obitorio, come facevamo noi. Solo chi non c'è più o sta lottando con tutte le sue forze per esserci ancora può pronunciarla. Può dire: «Sono stanco, non ce la faccio più». Solo in quel caso.

I 100 ti bruciano, specie alle Olimpiadi. I giamaicani, Usain e i suoi fratelli, hanno trovato l'ambiente giusto. Uno stile di vita, che produce anche tanta pubblicità.

Attenzione, Usain. L'atletica ti si è data tutta, se non la tieni ti schiaccerà e ti farà male. Chiosa il ringhiante Greene: «C'è ancora Gay, è americano come me. Tutto troppo veloce, deve addolcire i movimenti. Quanto a Bolt, gli voglio bene e lo stimo troppo, lo avverto. Corra meglio, molto meglio di così. Anche lui, che è pure quasi perfetto, deve rivedere certe cose nello stile. Esce fuori troppo tardi, non alza abbastanza le ginocchia, non è esplosivo come prima. Gli voglio bene, voglio che vinca, che vinca tutto, in quella grigia Londra maledetta. Ma si ricordi bene una cosa. Non è stato a Eaton, non si è laureato a Oxford, non ha remato nell'anno di prammatica. Non è figlio di Lord. È sempre Usain Bolt e viene dagli slum e dalle spiagge della Giamaica. Non se ne dimentichi mai, se lo deve ripetere ogni momento, se vuole vincere qualcosa di grande. Deve capire fino in fondo che arrivare morti, da barella, con la bava alla bocca non è peccato, non è mancanza di stile. L'importante è vincere, perché solo così si può salire sul gradino più alto del podio. Il resto non conta niente, per nessuno».

Riuscirà Usain a fare sua questa lezione fondamentale?

Maurice Greene ha fatto per lui quello che Borzov fece per me. Gli ha suonato la sveglia e gli ha ricordato che deve tornare a mordere la pista. Certo, lo ha fatto pubblicamente, mediaticamente, e non nel privato di una colazione al villaggio olimpico. Ma il valore del segnale resta a prescindere dalla forma e va preso sul serio se proviene da un grande che ci ha preceduto.

Bolt non può ignorare tutto questo. Guai a non capire che lo aspetta un'estate non di parate, ma di «ripetute» alla Vittori. Gli passerò i miei quaderni d'allenamento, quelli che hanno spaventato e sconvolto tanti campioni. Lo scorso anno, quando ci siamo incontrati a Roma, come ho già ricordato, gli ho regalato il mio libro sul record del 1979. Se troverà modo di farselo tradurre e di leggerne qualche passaggio, potrebbe rintracciare un po' di quel sapore amaro della fatica, della tensione, della macerazione che ora gli sarebbe necessario assaggiare. Perché il figlio del sarto di Barletta, il «brutto anatroccolo» nel lago dei cigni dell'atletica, ha potuto correre 5 Olimpiadi, vincere tutto quello che ha vinto, raggiungere i record che ha raggiunto, grazie a quelle regole.

«...E zio cane!» aggiungerebbe Vittori a questo punto. A uno come lui basta la metà di quei carichi di lavoro. Dannazione. Come vorrei far tutt'uno della mia capacità di sopportazione e del suo fisico da predestinato. Altro che 9''58, altro che 19''19. Toglierebbero i 100 e i 200 metri dal programma olimpico per manifesta violazione della realtà.

Ma li deve fare, obbligatoriamente, quei carichi. Non si scappa, Usain. Sono passato da lì, so cosa si prova. Mennea aveva Vittori, che lo massacrava, ma lui raddoppiava, a Formia, dove correva anche di notte, dopo essersi fatto aprire i cancelli dal custode perché non si poteva. Quanti dopocena, quante albe rubate per correre, ripetere, provare le partenze, solo come un cane. Ma poi è arrivato il 19''72, che avrebbe potuto essere ancora meno se il vento ci avesse aiutato...

Usain. Londra è davvero il tuo ultimo «Treno per Yuma»!

Se Bolt dovesse avvicinare questo modo di fare sport, allora nella velocità si dovrebbe parlare di un'altra storia. Fin dall'inizio della carriera, il suo obiettivo più importante è stato quello di diventare una leggenda dello sport, vittoria dopo vittoria. Ha sempre detto ai giornalisti: «Devo continuamente vincere, non mi importa chi corre al mio fianco». Anche dopo i brillanti risultati ai Giochi olimpici di Pechino 2008 e ai Campionati mondiali di Berlino 2009, ha affermato: «No, non sono ancora una leggenda.

Se doppio (100 e 200 metri) ai Mondiali di Daegu e ai Giochi di Londra 2012, allora sì che sarò una leggenda vera e per sempre».

Ai Campionati del mondo in Corea la doppietta nella velocità non gli è riuscita. Nella finale dei 100 metri è incappato in una clamorosa falsa partenza. La sua forza mediatica era già tale che per giorni i media non hanno parlato d'altro, lasciando in secondo piano gli altri risultati di quella rassegna iridata, non ultimi quelli poi raggiunti da lui stesso, che dopo il passo falso è stato capace di aggiudicarsi i 200 metri in un fantastico 19''40 e la staffetta 4x100 con il record mondiale di 37''04.

Ora l'appuntamento per diventare una leggenda è rinviato ai Giochi olimpici di Londra, dove gli avversari che cercheranno di batterlo non mancheranno, a cominciare dal suo amico di allenamento Yohan Blake. Traguardo ambizioso e legittimo per un atleta che è diventato un'icona dello sport. Mi auguro solo che chi lo segue gli ricordi che il segreto che spiana la strada verso la leggenda consiste nel non dimenticare di essere soltanto un uomo. Solo impostando tutto il lavoro su questo principio potrà avere la ragionevole convinzione di non incappare in passi falsi, come la squalifica dalla finale dei 100 piani di Daegu.

A tutto ciò mi sento di aggiungere un consiglio: gettare le basi per costruire qualcosa di importante oltre lo sport. Anche questo contribuirebbe a elevare la sua figura dalla dimensione di campione a quella di leggenda.

La famiglia del fulmine

I latini usavano l'espressione *nomen omen* per indicare i casi in cui il destino di una persona è già contenuto nel suo nome. *Bolt* in inglese significa «fulmine».

Usain è nato il 21 agosto 1986 in Giamaica, a Trelawny, città di 76.000 abitanti nella provincia che ha come capitale Falmuth, da una famiglia modesta, composta da Wellesley Bolt, il padre, e Jennifer, la madre, a cui l'atleta è molto legato.

Quanto emerso da diverse interviste, ci autorizza a immaginare Bolt come un bambino molto vivace fin dall'età di sei settimane, quando cadde dal letto dove il padre lo aveva appoggiato abbandonandolo per un attimo. Era il classico bambino che non sta mai fermo. Questo suo «argento vivo» preoccupava papà «Gideon» e mamma Jennifer, che chiesero un parere a un medico. Il referto fu confortante: Usain era solo un bimbo iperattivo che aveva bisogno di sfogare la propria energia. In lui non c'era niente di anormale. Un sollievo per il padre, che aveva confidato la preoccupazione alla propria sorella, Lilly: «C'è qualcosa che non va in Usain, non è normale. Non fa che dimenarsi e saltare e quando va in cucina a prendere delle cose per sua madre non cammina mai, corre». Un'ansia di andare forte che il piccolo Bolt rivelava già sotto svariate forme: la mamma ha dichiarato che Usain a sei mesi stava già in piedi.

L'attività di droghieri dei genitori era iniziata l'anno in cui Usain terminava la scuola superiore. Dopo sedici anni di lavoro, il padre era stato licenziato dalla The Coffee Industry Tourist Board, dove aveva svolto l'incarico di *extension officier*: forniva agli agricoltori la consulenza relativa alla coltivazione delle bacche di caffè, controllava se ci fosse bisogno di fertilizzanti e segnalava cosa fosse più idoneo per curare le piante malate.

L'esercizio commerciale era stato aperto grazie alla liquidazione e a un piccolo aiuto economico del figlio, che non ha mai nascosto il desiderio di vedere i propri «vecchi» sganciati dagli impegni di lavoro e pronti a godersi la vita: «Il mio più grande obiettivo è sempre stato ripagarli per quello che hanno fatto per me. Mi hanno dato tutto quello che volevo, così mi sono ripromesso che, se avessi avuto successo, avrei fatto in modo che non dovessero preoccuparsi più di nulla».

Ritengo che nello sport, come in qualsiasi altra attività, la famiglia abbia un ruolo molto importante. Fin dal momento in cui lo sport-business gli accese i riflettori addosso, Bolt dimostrò con i fatti che il legame con i suoi e con la terra d'origine era davvero saldo. Quando cominciò a guadagnare somme importanti grazie all'atletica, fece in modo che quel denaro fosse gestito dai suoi genitori e preferì non traslocare in un quartiere più lussuoso di quello modesto in cui era cresciuto. Rimase nella sua comunità, aiutando la famiglia a ingrandire la casa e ad abbellire il giardino.

I suoi genitori raramente gli hanno chiesto qualcosa: il prestito più grande è consistito nei biglietti per l'autobus che porta a Kingston, che ogni tanto la madre gli chiedeva. Il padre di Usain, Wellesley, ha sempre sostenuto che «lavorando duro sarebbe sempre stato possibile sopravvivere senza dover chiedere niente a nessuno».

Nelle interviste Usain non ha mai fatto mistero di essere molto legato tanto alla madre quanto alla sua terra: «Non andrei via per niente al mondo. In Giamaica fa caldo e io odio il freddo e poi là c'è la mia mamma, sono il suo unico figlio. Perciò voglio essere lì con lei nel caso capitasse qualcosa. Io amo la mia mamma. La prima volta che sono andato in Europa ci sono rimasto per due mesi e mezzo. Volevo tornare a casa, avevo così tanta nostalgia che non riuscivo a pensare ad altro». Il fratello e la sorella di Usain sono figli di un'altra madre. La sorella, Christine, ha quattro anni più di lui e ha vissuto a lungo insieme alla famiglia Bolt, mentre il fratello, Sadiki, è più giovane di otto mesi e si tratteneva a casa con Usain solo durante le vacanze scolastiche. La madre di Usain ha sempre trattato e accolto i figli del marito come fossero suoi.

Pur cresciuti assieme, Usain da bambino non riusciva a legare con la sorella, che vedeva un po' come la piccola spia: Christine sistematicamente andava a riferire al padre quello che il fratello combinava. E doveva probabilmente trattarsi di un rapporto informativo pluri-quotidiano, visto che si trattava di un bambino iperattivo che amava prendere in giro la sorella o trasformare ogni possibile gioco in un'occasione di litigio. In sintesi: se è probabile che Christine fosse una piccola spia, è pressoché sicuro che Usain fosse davvero un rompiballe. Un disturbatore che però, fin da allora, mostrava doti da velocista: sebbene più piccolo, nelle sfide familiari era più veloce della sorella, la quale per vincere non aveva altra strada che strattonarlo o spingerlo per farlo cadere. Tuttavia fino al 2008, Christine non credeva che il fratello sarebbe potuto diventare il più forte velocista al mondo. Era talmente scettica che scommise 100 dollari contro il padre che il fratello non avrebbe vinto i 100 metri ai Giochi olimpici. Come tutti noi sappiamo, le è andata male. Al contrario era straconvinta che in quella Olimpiade Usain avrebbe vinto facilmente i 200 metri e avrebbe migliorato il record mondiale sulla distanza, cosa che invece il padre non aveva pronosticato. Uno a uno!

Dopo le vittorie e il record stabilito ai Mondiali di Berlino 2009, anche Christine si è arresa all'evidenza e da allora si dichiara convinta che il fratello sia in grado di stabilire nuovi record mondiali. La fama di Bolt ha finito per cambiare la vita, bene o male, anche a lei. Se da una parte le ha dato una certa notorietà in Giamaica, dall'altra si trova ad essere oggetto di numerose richieste di denaro. Christine si danna a spiegare di non essere così ricca da poter donare soldi ad altri, ma le viene risposto che deve averne, visto che è la sorella dell'uomo più veloce del mondo.

Per Christine, ora, Usain è un buon fratello, che sua figlia Sherunda, di 6 anni, adora, ricambiata dal campione che la vizia in ogni modo. La piccola si vanta con tutti del fatto che l'uomo più popolare del Paese è suo zio. Anch'io, come ho già avuto modo di ricordare, sono cresciuto in una famiglia modesta, in cui i problemi economici avrebbero potuto essere fonte di preoccupazione: capitava a volte che a mio padre non pagassero i vestiti che confezionava. Era però un ottimista, non si perdeva mai d'animo e, nonostante tutte le difficoltà, sono cresciuto in modo più che dignitoso e ho avuto anche la possibilità di studiare. Il mio orgoglio nasce da qui.

Certo, la famiglia, il clima che si respira in casa, incide sulla personalità di un giovane come la luce su una pellicola, ne condiziona il carattere e la sua scala dei valori. Con la sensibilità che mi ritrovavo, percepivo tutto il senso di ansia per la nostra situazione economica, lo toccavo. Però, non ne risentivo da un punto di vista emotivo, perché quella sensazione, con cui è molto scomodo convivere quotidianamente, era ampiamente compensata e a tratti annullata dalla solarità dei miei genitori. I volti sereni, per quanto stanchi, di mio padre e di mia madre hanno sempre avuto su di me l'effetto di una luce nella notte. I miei genitori innanzitutto, ma tutta la famiglia nel suo insieme, con i miei quattro fratelli, hanno rappresentato un punto di riferimento forte, permanente. Quando ero bambino ero fiero di essere un membro della famiglia Mennea, e ancora oggi, ogni giorno, mi riempie e mi accompagna un senso di orgoglio per le mie origini.

Se ripenso alla mia vita di atleta mi coglie lo spavento: la mia carriera è durata nel complesso vent'anni, di cui tredici, dal 1968 al 1980, senza interruzione. Com'è stato possibile allenarsi così duramente per tredici anni, giorno dopo giorno, sempre, dormendo da solo e avendo come compagni di tutte le cene il personale dell'hotel Miramare di Formia? Com'è stato possibile non precipitare nella solitudine e nello sconforto? Lo stimolo dei successi sempre più importanti ha giocato a mio favore, certo, ma ci sono stati anche momenti in cui il risultato inseguito per anni non è arrivato. Un esempio su tutti: il quarto posto ai Giochi olimpici del 1976, a Montreal, al culmine di un anno in cui tutto il mondo mi aveva dato per favorito dopo la vittoria su Borzov nella finale della Coppa Europa del 1975, a Nizza.

Comprendo così che quella forza che sentivo dentro e che si traduceva in determinazione costante, dalla sveglia a quando mi coricavo distrutto, me l'avevano trasmessa i miei: avevo capito che in una famiglia non sei mai solo. Hai sempre degli alleati, perché quando le cose non vanno per il verso giusto si crea un'automatica forma di aiuto. Se c'è un intoppo, qualcuno viene a soccorrerti. Una famiglia ti rende forte abbastanza per resistere a qualsiasi difficoltà. Queste condizioni generavano dentro di me un calore protettivo che mi avvolgeva difendendomi dalla solitudine del presente e dalla paura per il futuro.

Quando, da atleta ormai affermato, tornavo a casa a Barletta, mia madre mi chiedeva come fosse stato possibile che fossi diventato uno sportivo famoso, così famoso «che si vedeva in televisione», come puntualizzava sempre lei. Le rispondevo che era anche merito suo. Mi arrivava allora quello sguardo tenero di chi pensa: «Mi stai dicendo una bugia, ma lo fai per farmi contenta». Ho sempre cercato di farle capire che ciò che ero riuscito a fare era essenzialmente un'imitazione del suo modo di vivere, perché da lei avevo imparato il sacrificio e l'impegno: i segreti, cioè, del mio successo sportivo e delle successive soddisfazioni professionali. Ogni volta che andavo a casa, glielo ricordavo. Ogni volta si commuoveva. Che ci potevo fare?

Mentre crescevo come uomo e sportivo, non ho mai avuto paura di fallire. In tutto ciò che ho fatto ho sempre considerato che ci sarebbe stata una rete di salvataggio pronta per me. E quella rete era la mia famiglia. Per questo ritengo che il fenomeno Bolt vada letto anche alla luce del contributo di solidità che la famiglia è riuscita a trasmettergli, nonostante, come la mia, e probabilmente più della mia, abbia sempre navigato in ristrettezze economiche. Un contributo che, nel suo caso a differenza del mio, comprendeva già l'amore per l'atletica, ad esempio, e per la velocità in particolare.

I genitori di Usain, quando frequentavano le scuole elementari, si cimentavano sui 200 e sui 400 metri. Bolt è convinto di aver ricevuto in eredità dalla mamma la sua incredibile velocità: «L'ho vista correre, ci sapeva fare. Di mio padre in pista non ho ricordi, ma pare che fosse veloce anche lui. In ogni caso io ho sempre avuto talento fin da quando ero piccolo».

Papà Wellesley, invece, dirotta l'argomento sull'alimentazione: è convinto che parte del segreto del successo di suo figlio sia riposto nello *yam*: «Mio figlio è un consumatore di yam, quello delle nostre zone è chiaro».

Lo *yam* è una specie di farina di manioca e viene utilizzato per prevenire e curare diverse malattie come la depressione, il colesterolo o le alterazioni ormonali. Più in generale viene assunto come un antidolorifico naturale ed economico. Questo alimento, che è anche un rimedio della medicina tradizionale, non nasce oggi. Era già presente molti secoli fa nella cucina dell'Africa occidentale e ha accompagnato quelle popolazioni nella tragica esperienza della schiavitù. Lo *yam* ha permesso di sopravvivere agli schiavi che dall'Africa venivano deportati nei Caraibi e da qui smistati nel resto del continente americano. Il nome originario di questa sostanza significa «il cibo di Adamo».

Dispiace smentire papà Bolt, ma per raggiungere una carriera sportiva fatta di elevati contenuti agonistici non basta una corretta alimentazione o la «pozione magica». C'è bisogno di ben altro. Di qualità fisiche ma, prima di tutto, di motivazioni forti a livello mentale, eccezionali. È lo stesso Bolt a sgombrare il campo dai dubbi sul perché sia diventato un velocista: «Ho scelto questa specialità non solo perché ero il più veloce bambino della scuola, ma anche perché sapevo che in uno sport individuale la "politica" non avrebbe potuto intromettersi. Nei giochi di squadra il fatto di essere il migliore dipende sempre dalle opinioni degli altri. In atletica, invece, se sei il più veloce oppure no, dipende esclusivamente da te».

Sin dall'inizio della carriera sportiva i suoi genitori hanno seguito Usain con molta attenzione e quando c'era qualche gara «morivano» per lui, ma senza rinunciare al proprio ruolo. Wellesley è stato un padre severo, con un forte senso della disciplina e ha plasmato il figlio aiutandolo anche a comprendere quali fossero le cose importanti della vita. Usain gli è riconoscente, anche se il rapporto più forte è sempre stato quello con la madre. Jennifer ha costruito, e tuttora mantiene, attorno al figlio una coperta protettiva fatta di amore e dolcezza, tradotti nelle più svariate espressioni affettuose. L'utilizzo costante dei soprannomi, ad esempio, tradizione assai seguita in Giamaica: nel lessico della famiglia Bolt, VJ ha praticamente soppiantato Usain, Jen Jen ha sostituito Jennifer e Gideon ha preso il posto di Wellesley. Le ragioni per cui al re dello sprint venne affibbiato VJ nessuno le ricorda. La cura nei lavori domestici è un'altra caratteristica di casa Bolt. Quando la madre va a trovare Usain a Kingston, lo accudisce completamente: «Lavare e cucinare – spiega –, in fondo è come essere rimasti a Trelawny». Così gli prepara i suoi piatti preferiti: gnocchi, uova e bacon, tutto quello che desidera tranne la carne di maiale, perché la sua fede di avventista del settimo giorno le proibisce di mangiare quel tipo di carne.

La consapevolezza del talento di Usain, Jennifer l'ha acquisita realmente solo quando quel figlio, di cui oggi è così fiera, ha vinto i Campionati mondiali juniores.

L'amore per la propria terra è l'altro caposaldo delle radici di Bolt, nonostante la popolarità internazionale e una vita che nella stagione agonistica assomiglia purtroppo sempre più a quella di una rockstar che gira il mondo. «Sono cresciuto in campagna, in mezzo a campi coltivati. Una zona molto bella dove vivevo viziato dalla mia mamma. Dopo la colazione potevo uscire e stare tutto il giorno sotto il sole. Una zona sicura, assolutamente non violenta». Quella del Paese non violento è una sottolineatura che ricorre spesso nelle sue interviste. Usain si ostina a combattere la cattiva reputazione della Giamaica legata agli episodi di criminalità diffusa, e pone piuttosto l'accento su tutte le buone ragioni che la mostrano al mondo come uno dei pochi autentici paradisi.

3
L'attività giovanile

Il treno della gloria non si è fermato in nessuna stazione della loro vita. Li ha sfiorati, magari facendo salire a bordo persone vicine a loro, anche grazie a loro. Ricardo e Salvatore sono separati dal tempo e dallo spazio. Nel mondo della fantasia, però, almeno lì sarebbe bello che potessero incontrarsi e scambiare quattro chiacchiere serene. Magari con in mano una bella birra, che piace sia in Italia sia in Giamaica, da sorseggiare davanti al mare, che ha fatto da sfondo all'esistenza di entrambi.

Quelli che ci battevano

Ricardo batteva Usain, Salvatore era più veloce di me.

Qui si parla anche di loro due e del ruolo fondamentale di stimolo primario che hanno svolto nell'evoluzione dei campioni che hanno incontrato tra i banchi di scuola.

Lunga vita a loro, come ai Deavere Nugent e agli Alberto Autorino, gli insegnanti che si prendono la briga di far correre i ragazzi e di stimolarli a credere nello sport.

Velocisti si nasce? Sì, in qualche modo sì, inutile girarci attorno. Si nasce con una fame di muovere i piedi e le gambe che fa il pari con quella dello stomaco per il pane e prende la forma dell'impazienza febbrile in ogni occasione in cui la vita ci costringe a stare seduti: a tavola, ad esempio, o a scuola. Il bambino veloce è posseduto dal demone dell'energia, che può liberare solo correndo, il più presto possibile, nel primo spazio aperto a portata di mano.

Velocisti si nasce, ma non basta. Ed è su questo «non basta» che si gioca la partita. I nati veloci sono tanti nel mondo, i campioni della velocità, invece, sono pochi, molto pochi, perché in pochi sanno trovare gli stimoli per andare oltre la propria naturale predisposizione e svilupparla.

Usain Bolt era proprio uno di quei bambini che mostrano una predisposizione alla velocità. Dal giorno in cui ha cominciato ad andare a scuola non ha fatto altro che correre ed era più veloce dei suoi coetanei. Pronosticare un futuro da campione olimpico a un bambino di 6-7 anni è prematuro. Nel caso di Usain, però, già allora si poteva intuire che c'era qualcosa di speciale. E non era solo la vivacità, quel suo essere un po' irrequieto che anche a scuola, come a casa, gli procurava qualche punizione. No. Il suo essere speciale consisteva nel saper recepire gli stimoli che la realtà gli offriva per migliorare.

È lo stesso Bolt a raccontare come si è avvicinato all'agonismo: «Di fronte all'edificio della Waldensia Primary School c'era una pista di atletica in erba. Quando vi corsi per la prima volta con i compagni di classe, uno di loro, Ricardo Geddes, mi batté. Un giorno il coach della scuola, Deavere Nugent, mise in palio un premio all'epoca per me irresistibile: mi avrebbe offerto da mangiare quello che volevo se avessi battuto Ricardo. L'ho battuto e da quel giorno non mi ha più superato». Nessuno lo ha più superato, possiamo chiosare.

La rivalità tra i due giovanissimi atleti andava avanti da un bel po' di tempo. Bolt vinceva sui 150 metri, mentre Ricardo prevaleva sui 60, fino al giorno in cui Usain si è imposto anche sulla distanza più breve.

Il motto di Usain è sempre stato: «Una volta che ti ho battuto, non la spunterai più nessun'altra volta con me». Tra i due c'è stata una forte e sana rivalità sportiva e Usain ha invitato in più occasioni Ricardo a continuare a praticare l'atletica. L'amico, come la maggior parte dei giovani giamaicani, ha preferito il calcio. «Dopo aver battuto Ricardo, ero diventato il più veloce, non solo della scuola, ma dell'intera Trelawny». Da questo episodio ha inizio la carriera agonistica del più grande sprinter di tutti i tempi.

Il mio «Ricardo» era un compagno di classe che si chiamava Salvatore Pallamolla. Fonte di infiniti sfottò, il cognome fu per lui un vero incubo, tanto che oggi l'ha cambiato in Palmi. Pallamolla, però, era praticamente imbattibile. Fu solo dopo molti e inutili tentativi in gare interne fra gli studenti delle varie classi, che riuscii a tenerlo dietro.

La storica vittoria su Pallamolla cambiò la mia vita, perché l'insegnante di educazione fisica, il professor Alberto Autorino, mi invitò a fare pratica sportiva anche il pomeriggio, al di fuori degli orari scolastici, per preparare i Campionati studenteschi provinciali.

Quel giorno non battei il mitico Pallamolla in cambio di cibo, ma per orgoglio personale: diventare agli occhi dei miei amici il più veloce della classe. Un punto d'onore. A scuola si andava a piedi e anche quello era un divertimento e una grande occasione. Ci incontravamo lungo la strada e subito iniziavano le gare di corsa tra di noi.

Molti ragazzi, oggi, anche se sono nati con un talento per la velocità, non avranno occasione né di scoprirlo, né di allenarlo in quella palestra naturale e utile che si chiama gioco, il gioco naturale di strada.

Alla Primary School, gara dopo gara, il giovanissimo Bolt colleziona le prime vittorie. La prima coppa già a sette anni. Gli insegnanti cominciano a parlare delle qualità sportive di cui è dotato. A proposito dei primi trofei, Bolt ricorda: «Li portavo a casa, ma mia madre aveva una grande abilità a romperli tutti. Ci sono pochi premi in mostra nella mia casa e quei pochi non so come abbiano fatto a sopravvivere».

Dopo aver vinto le «giornate sportive locali», Bolt inizia a frequentare la Primary School di Trelawny e scopre che, pur essendo il più veloce della sua zona, in altre parti della Giamaica vi sono molti ragazzi più veloci di lui. Nei primi due anni di competizioni nei campionati nazionali, all'età di 12-13 anni, perde spesso sia sui 100 che sui 150 metri, ma queste sconfitte non gli creano alcun problema e non lo spingono a rinunciare, perché correre «non mi annoiava, era un divertimento». E qui senti il campione in erba.

Uno dei primi risultati che si conosce della carriera di Bolt è un 51''7, conseguito sui 400 metri. Fu proprio su questa distanza che la Giamaica iniziò a raccogliere i primi allori olimpici a Londra '48 e Helsinki '52, con le medaglie d'oro rispettivamente di Witt e di Rodhen.

Ma è all'età di 14 anni, quando frequenta la nona classe, che Usain capisce che se avesse voluto raggiungere grandi risultati in atletica avrebbe dovuto impegnarsi di più negli allenamenti. E i primi miglioramenti non tardano ad arrivare. Indossa per la prima volta la maglia della nazionale per partecipare a gare giovanili ed è a quell'età che Bolt comincia a fare sul serio, le sue prestazioni agonistiche migliorano notevolmente.

Fino a quel momento era stato il migliore sprinter della sua scuola, ma veniva regolarmente battuto da ragazzi di altri istituti, come Keith Spence del Cornwall College e un certo David dell'Emmanuel College. Una volta presa la decisione di allenarsi seriamente, non trova più sulla sua strada alcuno studente in grado di sconfiggerlo.

Quando entra nella William Knibb Memorial High School, una delle migliori di Trelawny, grazie a una borsa di studio, si dedica al cricket, sport che gli è sempre piaciuto. Ma è proprio l'allenatore della squadra che, notate le sue spiccate doti di velocista, decide di farlo partecipare, invece, alle gare di atletica.

«In quel periodo, essendo stato ammesso alla scuola essenzialmente per le mie qualità sportive, tutti si aspettavano che mi allenassi tutte le sere in pista. Il mio approccio era diverso: correre era un hobby, non un lavoro. Inoltre vedevo me stesso principalmente come un giocatore di cricket, che faceva atletica solo perché era veloce. Così, durante il mio primo anno alla William Knibb, saltai quasi sempre gli allenamenti dopo la scuola. Preferivo andare con i miei amici a spendere soldi con i videogames. Quando tornavo a casa e i miei mi chiedevano come fosse andato l'allenamento, rispondevo: "Tutto bene"».

A suon di videogames e partite di cricket, comunque, nel 2001 Usain Bolt vince la sua prima medaglia sui 200 metri nel campionato scolastico, con il tempo di 22''04. In quell'anno avrebbe portato il personale sui 200 metri a 21''81. Nello stesso anno partecipa alla sua prima gara di livello nazionale sui 400 metri piani e vince la medaglia d'argento con il tempo di 48''28. Questi tempi non erano certo male, data l'età e il poco impegno.

Nel 2002, nei Campionati mondiali juniores disputati proprio in Giamaica, a Kingston, Bolt ha la prima occasione di mostrare il suo talento a livello mondiale: nella gara dei 200 metri vince la medaglia d'oro e stabilisce il suo nuovo record personale (20''61). Dà poi un bel contributo alla squadra giamaicana nelle due staffette, portando a casa due argenti e stabilendo ottimi tempi nella 4x100 metri (39''15) e nella 4x400 (3'04''06). Nello stesso anno abbasserà il record personale dei 200 metri a 20''58 (che era anche il record under 15).

Quella stagione gli consegnerà una duplice sicurezza: l'importanza di un allenamento costante e continuo e la consapevolezza di disporre di un vero talento, che avrebbe potuto portarlo molto lontano. In quel periodo a Bolt piaceva anche il football, ma i suoi professori cercavano in ogni modo di dissuaderlo dal giocare perché non corresse il rischio di qualche infortunio che avrebbe potuto ritardarne o comprometterne la crescita agonistica.

A tale proposito, il suo allenatore, Glen Mills, ha dichiarato a un importante quotidiano sportivo italiano: «Io ero sugli spalti, fra il pubblico, nel 2002, quando Usain a Kingston vinse i Mondiali juniores a soli 16 anni. Era eccezionale, speciale, ma io non ero il suo tecnico. Così quando è venuto da me di sua spontanea volontà, gli ho detto che lo avrei educato al viaggio che dovevamo fare. Non gli ho parlato subito della destinazione, ma proprio del viaggio, perché se imbocchi la strada sbagliata non raggiungerai mai la meta. Lui mi ha seguito». Nel 2003, nel Campionato mondiale giovanile, Bolt migliora ulteriormente il suo tempo sui 200 metri (20''40) e conquista un altro oro, arrivando poi, nel resto della stagione, a correre la distanza in 20''13 (record under 16 e juniores, cioè under 19).

Inutile qui ricordare quello che dice lo Zen: «Un cammino di mille miglia inizia solo con il primo passo». Altro non devi fare. Devi solo mettere un piede dopo l'altro e camminare.

Fu a quel punto che il suo talento straripò dai confini della Giamaica acquistando una tale repentina visibilità che la Puma, nota azienda di abbigliamento e calzature sportive, già sponsor della nazionale giamaicana, decise di blindarlo, mettendolo sotto contratto per quattro anni per evitare che altre aziende del settore *sporting goods* potessero accaparrarselo. E fecero un vero affare. *Business is business.*

Bolt è l'unico atleta a essere sceso sotto i 20'' netti nei 200 metri in un campionato juniores (ai Carifta Games in Bermuda): aveva 18 anni quando corse la distanza in 19''93 (record mondiale under 19). Fu questa gara, infatti, a imporlo definitivamente all'attenzione dell'ambiente. Molti individuano in quella performance la sua prima vera competizione, quella giusta per proiettarlo verso risultati ancora più importanti. L'evento venne trasmesso in televisione permettendo anche a molti giamaicani di venire a sapere che tra i loro connazionali c'era un fenomeno, il suo nome era Usain Bolt.

Tanto forte... pare

Nella prima parte della carriera gli capitò spesso di infortunarsi. Succede spesso, a giovani che sono incostanti e al tempo stesso tendono a strafare. L'estate 2004, ad esempio, non corse ai Campionati mondiali juniores di Grosseto. «Non venni, perché avevo un problema muscolare alla gamba. Avrei tanto voluto esserci, ma quell'infortunio me lo impedì».

Viste le precarie condizioni di forma, secondo alcuni non avrebbe dovuto partecipare alle Olimpiadi di Atene. Lui stesso non ne era entusiasta: non poteva avere alcuna chance di vittoria, quell'evento capitava troppo presto nella sua carriera.

Fu Coleman a decidere per la partecipazione ai Giochi e fece di tutto perché Bolt arrivasse in forma, ma gli inconvenienti non mancarono: durante gli allenamenti si infortunò al tendine d'Achille, a seguito di un movimento brusco e repentino effettuato per evitare un atleta che gli aveva tagliato la strada. «Ad Atene, qualche settimana dopo, stavo meglio, ma mi presentai con una preparazione insufficiente per poter ben figurare in un appuntamento come i Giochi olimpici».

Tutto vero: a causa della scarsa preparazione, alle Olimpiadi corse la batteria dei 200 metri in 21''05 e non si qualificò per la finale. Finì la gara al quinto posto dando anche l'impressione di non essersi impegnato come avrebbe dovuto, trattandosi del più importante appuntamento cui un atleta può prendere parte nella vita.

Questi guai fisici ci dicono che quando si porta al limite la macchina umana, i nodi vengono al pettine. Nel caso di Usain, i problemi erano chiaramente la conseguenza della scoliosi patita fin da piccolo.

Una brutta esperienza, quella di Atene. Al ritorno in Giamaica lo accolsero le dure critiche di un'opinione pubblica che si attendeva da lui grandi cose. Alcuni dissero che non avrebbe dovuto partecipare da infortunato. Altri sospettarono che non reggesse bene i carichi di allenamento. Ma proprio in quel periodo si compie una svolta determinante: il cambio di allenatore, da Coleman a Glen Mills. Il rapporto di Bolt con Coleman era sempre stato difficile. Il tecnico non aveva capito Usain come persona, i suoi stati d'animo e la sua personalità. Ed è l'atleta a decidere che la collaborazione non può continuare, dando prova di conoscere ormai se stesso e i propri mezzi e di aver capito come svilupparli per raggiungere gli obiettivi più importanti.

I guai fisici, però, non terminarono con il 2004, ma lo colpirono di nuovo l'anno dopo, nel momento più importante della stagione: i Campionati del mondo di Helsinki.

Nella finale dei 200 metri, a 60 metri dal traguardo, mentre stava cercando di lottare per guadagnare una posizione di testa, fu colpito da un crampo alla gamba, che lo fece zoppicare sino all'arrivo, raggiunto in ultima posizione con un tempo molto elevato: 26''27. La gara venne vinta dal discusso atleta statunitense Justin Gatlin.

Quella giornata era una giornata particolare: pioveva forte e faceva freddo. Bolt non aveva mai corso in quelle condizioni e aveva già dato molto nella prima parte della gara, cioè in curva: il tendine del ginocchio era affaticato. Non solo: dopo la gara si scoprì che aveva subìto un leggero strappo muscolare. Il risultato fu deludente, ma nel cuore di Usain crebbe la convinzione dei propri mezzi. Con gente come Tyson Gay e Wallace Spearmon non avrebbe mai potuto vincere quella prova: se tutto fosse andato per il verso giusto sarebbe arrivato al sesto posto. Ma l'età giocava a suo favore. Negli «scout», gli osservatori tecnici che setacciano le piste alla ricerca di nomi emergenti da proporre ai manager, prevalse la convinzione di essere davanti al classico talento con grandi qualità, che però, a causa dei ripetuti infortuni, prima o poi si stufa, abbandona e finisce a ingrossare la lista delle promesse dell'atletica non mantenute. Accadde invece il contrario. E in molti, troppi, si dovettero ricredere.

Lui stesso, a proposito degli infortuni, sostiene che «rappresentano i periodi più bui nella vita agonistica di uno sportivo, ma fanno parte del gioco, possono arrivare in qualsiasi momento nel corso della carriera e vanno messi nel conto. Quello che posso dire è che, da parte mia, cerco di eseguire più esercizi possibili per prevenirli e per questo motivo sono andato a cercare Glen Mills. Sotto la sua guida non è più successo».

A dispetto delle statistiche

A proposito degli infortuni nello sport, il direttore del laboratorio di biomeccanica della Wake Forest University, Stephen Messier, ha dichiarato: «Le statistiche dicono che ogni anno il 79% dei corridori è soggetto a infortuni. Percentuali rimaste invariate dagli anni Settanta».

A quanto pare non c'è modo di ridurre gli infortuni: né con il riscaldamento, né con plantari personalizzati da alcune centinaia di dollari. Neanche l'utilizzo delle scarpe da corsa speciali e personalizzate, che sono diventate indispensabili, riesce a ridurre il rischio di farsi male. Nessuna ricerca è riuscita a dimostrare la loro utilità in tal senso. A dispetto delle statistiche, in quasi 20 anni di attività sportiva, io non ho mai subito uno strappo muscolare. Un caso raro tra quelli che si fiondano sul traguardo in tempi vicini ai 10 e 20 secondi netti. Annotatevi tutto questo e perdonate la precisazione: merito mio, merito di Vittori. Alcuni, tra i tecnici che erano accanto al professor Vittori e che avevano così modo di seguirmi quotidianamente, sostenevano che mi distinguevo dagli altri sprinter dell'epoca per come superavo indenne sedute di allenamento estremamente faticose esprimendo, già il giorno dopo, freschezza e brillantezza. Questa mia caratteristica si rivelava al massimo livello quando, senza particolari problemi, svolgevo massicce sedute di resistenza lattacida, insostenibili per i miei colleghi, e l'indomani ero già in grado di correre a ottima velocità prove ripetute sui 60 metri. Merito delle mie fibre? Forse un mix di tutto questo. Con il termine resistenza lattacida si intende quel tipo di allenamento in cui l'alta velocità tenuta nelle prove di corsa genera un tale accumulo di acido lattico nei muscoli che di solito, il giorno dopo, diventa difficile tutto: anche fare le scale o camminare.

Insomma, per quanto io valga per uno solo, la mia carriera di sportivo smentisce un po' la statistica descritta da Stephen Messier. Su questo punto non ho molto da aggiungere. Ci sono anche fenomeni naturali. Pensate a Merckx dal 1968 al 1973. O a Fausto Coppi...

Finalmente sano

La prima stagione veramente libera da guai muscolari e tendinei fu per Usain il 2007.

Ai Mondiali di Osaka il suo obiettivo era arrivare il più vicino possibile al favorito delle gare di velocità, Tyson Gay, che si era presentato in grandi condizioni di forma. Il ruolo del giovane sprinter era un po' defilato, anche all'interno della squadra nazionale: l'attenzione dei giamaicani era per Asafa Powell, che in quel momento deteneva il record mondiale sui 100 metri (9''74) e che aveva appena vinto due meeting della Golden League, il circuito dei più importanti appuntamenti dell'atletica spettacolo.

Bolt uscì dall'anonimato in progressione: secondo in batteria alle spalle del greco Anastasios Gousis, che gli correva al fianco e primo nei quarti davanti a Wallace Spearmon. La sua rotta stava per incrociare quella di Gay, che in un altro quarto si era imposto con un tempo molto vicino ai 20 netti.

Il giorno dopo arrivò il momento decisivo delle semifinali: Bolt vinse la sua precedendo il solito Spearmon, mentre l'altra fu dominata da Gay. Il giovane giamaicano andò a dormire pensando a come avrebbe dovuto interpretare la prova decisiva, pensiero fisso della notte prima per ogni velocista di alto livello, in ogni epoca. E si dorme poco, e male, ve lo garantisco io.

Sapeva che Gay era più veloce in partenza e nella prima parte della gara mentre lui, in curva, tendeva a inclinarsi all'interno anziché rimanere con il busto dritto.

In finale Usain fece la curva molto velocemente, al punto che risulterà una delle più rapide da lui mai corse, ma Tyson gli uscì in rettilineo già avanti di tre metri e vinse la gara in 19''76, contro il 19''91, che valse comunque a Bolt il secondo posto con un buon margine su Spearmon. L'argento lo soddisfaceva: in fondo aveva solo 21 anni, mentre Gay ne aveva 25. Aveva davanti tutto il tempo che voleva.

In quel Mondiale lo statunitense dimostrò di essere ancora il migliore di tutti: vinse anche i 100 metri, battendo Derrick Atkins delle Bermuda e Asafa Powell. Lo riconobbe anche Bolt.

Il paragone con la mia storia è qui fin troppo facile: Mennea sta a Bolt come Borzov sta a Gay. In un'ottica storica i pesi non si equivalgono, perché Borzov ha dominato un'epoca, ma anch'io, a vent'anni, la pensavo come Usain a ventuno: ero soddisfatto del bronzo olimpico di Monaco 1972 come lui lo era dell'argento di Osaka 2007, ma sognavo comunque di meglio.

4
L'attività agonistica

Lo si guardava correre e gli si leggeva addosso un inverno di lungo lavoro: sulle andature, sulla potenza esplosiva, sulle braccia. Sulla testa, anche. Probabilmente. A un occhio allenato dal proprio analogo passato, la trasformazione appariva macroscopica: muscolatura più sviluppata e definita, adatta a prevenire infortuni, tecnica di corsa diversa, con falcata più composta ed efficace, infilata in un assetto più solido, come un treno sui binari.

Era un Usain Bolt profondamente trasformato quello che si è presentato in pista nella primavera del 2008.

Bolt «duepuntozero»

Il 3 maggio il primo lampo: la seconda miglior prestazione di ogni tempo sui 100 metri piani. Nel corso del meeting Jamaica International, a Kingston, ha fermato il cronometro a 9''76, a soli due centesimi dal primato mondiale del connazionale Asafa Powell. Il tutto in presenza di un vento a favore, di solito indicato nei risultati con il segno «+», di 1,8 «m/s», cioè metri al secondo. Il regolamento riconosce come omologabili i risultati ottenuti in presenza di vento di velocità non superiore a 2 metri al secondo.

Questo netto miglioramento sui 100 metri da parte di Bolt aveva sbalordito anche Michael Johnson. Negli Stati Uniti qualcuno cominciò a esprimere riserve sui tempi del giamaicano, insinuando che la gara di Kingston non fosse stata regolare per il solo fatto che si era svolta in Giamaica: «Ci dev'essere stato qualcosa di poco chiaro, tipo il cronometro che non ha funzionato correttamente».

Pochi giorni dopo (31 maggio), a New York, nel corso del Reebok Grand Prix allo Ichan Stadium, Bolt ha stabilito il primato mondiale dei 100 metri piani correndo in 9''72. Niente Giamaica sul banco degli imputati, si era nella città capitale del mondo. Fine della trasmissione. Tutti zitti. Registrare. Punto.

In questa gara ha migliorato di due centesimi il limite umano che Asafa Powell aveva portato a 9''74, a Rieti, il 9 settembre 2007, e sconfitto anche il suo acerrimo rivale Tyson Gay, secondo comunque con un tempo straordinario: 9''85. Quella di New York è stata la gara che ha fatto capire a Bolt di essere forte anche sulla distanza breve e che nelle competizioni che contano, a partire da quel momento, sarebbe stato lui l'uomo da battere, sulla distanza dei 100 metri.

Nel meeting di New York le condizioni atmosferiche non erano ideali per ottenere una grande prestazione. Prima della gara aveva piovuto molto e la pista era bagnata. Al momento di andare ai blocchi di partenza, Usain si era accorto di aver perso uno dei chiodi che stanno avvitati sotto la suola della scarpa e non aveva avuto il tempo di sostituirlo. Solo una questione di concentrazione, in realtà, ma dettagli come questo possono innervosire in tutto il mondo. Usain è come Ribot. Un grande purosangue può imbizzarrire per poco. Dal punto di vista pratico non cambiava niente: di chiodi la scarpa ne aveva altri sette e perderne uno non era poi una grande sciagura. Non è certo come perdere la ruota di un'automobile! Tutto ciò non gli ha tolto concentrazione. Allo sparo è partito meglio di Tyson Gay e sin dai primi metri gli si è ritrovato davanti (cosa non facile per un atleta della sua altezza), conservando un leggero margine di vantaggio fino al traguardo.

Battere Tyson Gay, c'era solo Tyson Gay. Questo gli batteva in testa il chiodo. Il fatto che per superare lo statunitense avrebbe dovuto correre a una tale velocità da migliorare il record del mondo non lo vedeva. Era tutto concentrato su se stesso e lo si è capito dall'espressione di sincera sorpresa con cui ha accolto la notizia di aver corso in 9''72, diffusa dall'altoparlante. Usain si trovava in quel momento sul rettilineo opposto, intento a effettuare il defaticamento. Dopo la gara i due avversari si sono stretti la mano ed è stato Gay a congratularsi con il vincitore. Game over.

Dopo questa gara, secondo Bolt, i rapporti tra loro non sono stati più gli stessi e non certo per colpa sua. Il 13 luglio, al Super Grand Prix di Atene, ha corso i 200 metri in 19''67 (vento – 0,5 m/s), primato personale, primato mondiale stagionale e quinta migliore prestazione assoluta di ogni tempo fino a quel momento.

Questi risultati, perfetta combinazione di prestazione cronometrica e successo sugli avversari più importanti, erano il contenuto della nuova sicurezza, tecnica e di condizione. Soprattutto di una condizione psicofisica che il Bolt «duepuntozero» ha messo in valigia al momento di salire sull'aereo che lo ha portato a Pechino, destinazione quei Giochi olimpici che in molti, nel mondo, avrebbero preferito veder svolgere altrove. Ma che lui era destinato a dominare, a ventidue anni. Cogli l'attimo, è il tuo momento.

L'Olimpiade proibita

Molti si chiedono le ragioni che hanno spinto i membri del Cio a scegliere Pechino per organizzare la ventinovesima Olimpiade estiva. Era il 13 luglio 2001.

L'assegnazione giunse al secondo turno di votazione, le città candidate finaliste erano cinque: Istanbul, Osaka, Parigi, Pechino, Toronto. Pechino ottenne la maggioranza assoluta dei voti: 56 contro i 22 di Toronto, i 18 di Parigi e i 9 di Istanbul. Una votazione così rapida da far pensare che qualcuno abbia pilotato la volontà dei votanti.

È probabile.

Le motivazioni di questa scelta sono ben spiegate dal giornalista Stefano Boldrini nel suo libro *Giochi proibiti*, quando chiarisce come le ragioni che hanno spinto la Cina a chiedere l'assegnazione dei Giochi siano fondamentalmente due: la prima è interna e riguarda il popolo cinese, la seconda è collegata alle relazioni con gli altri Paesi.

«Le Olimpiadi hanno provocato drammi e disperazione nel più elementare disprezzo dei diritti umani. E in questo caso non sono stati calpestati i diritti dei tibetani, ma dello stesso popolo cinese (Han). È l'altra faccia del regime comunista di quella Nazione, capitalista selvaggia di stato, che tratta i suoi cittadini con modi "imperialisti"». O comunisti?

La ragione «esterna» che ha spinto la Cina a chiedere l'organizzazione dei Giochi è sostanzialmente economica. Nel 2001, anno dell'assegnazione dell'evento olimpico, l'economia cinese era in ascesa, ma nessuno immaginava che potesse crescere ai ritmi raggiunti negli anni successivi. Tutto ciò aveva bisogno di una consacrazione: le Olimpiadi rappresentavano l'occasione per dimostrare al mondo intero che la Cina si apprestava a diventare la prima potenza economica. Una gigantesca, rutilante, colorata vetrina. I giochi avrebbero permesso di stringere rapporti con gli altri Paesi e attivare contatti con aziende interessate al vasto mercato cinese.

A favore di Pechino ha giocato anche l'elezione del nuovo Presidente del Cio. Nel 2001 era uscito di scena il potente Juan Antonio Samaranch, il catalano che dall'elezione al vertice del movimento olimpico nel 1980, subito dopo i giochi di Mosca, aveva trasformato il Cio in un organismo ancora più ricco e potente, di cui disponeva come una sorta di padre padrone al punto da far assegnare i Giochi olimpici alla propria città: Barcellona.

Ha fatto un favore enorme, dal punto di vista economico, a un'azienda come la Coca Cola, assegnando i Giochi del 1996 ad Atlanta, dove il colosso industriale ha la propria sede. Il tutto in presenza di una candidatura di forte capacità evocativa come Atene, la sede che le Olimpiadi le aveva fatte nascere, cent'anni prima, nel 1896.

Poi si è ingraziato la Grecia a discapito della candidatura di Roma per i Giochi del 2004.

Samaranch è colui che insieme ad altri dirigenti, come João Havelange e Primo Nebiolo, ha contributo al gigantismo economico dello sport e soprattutto delle Olimpiadi. Anche quando era prossimo ai novant'anni, l'anziano dirigente veniva omaggiato come un capo di Stato e la sua influenza si estendeva a tutto lo sport mondiale, oltre i confini, pur ampi, del movimento olimpico.

Ha inciso in modo determinante nell'elezione del suo successore: a ottantuno anni, nel 2001, ha deciso che il nuovo presidente del Cio sarebbe stato il belga Jacques Rogge, ex rugbista e soprattutto ottimo velista, che in quest'ultimo sport aveva partecipato a tre edizioni dei Giochi olimpici (1968, 1972 e 1976). Il nuovo presidente del Cio è un medico chirurgo ed è stato eletto a Mosca nel 2001, quattro giorni dopo l'assegnazione dell'edizione 2008 dei Giochi a Pechino.

Il caso volle che ventuno anni prima, nella città moscovita, fosse stato eletto proprio Samaranch. Tra l'elezione di Rogge e l'assegnazione dei Giochi molti sostengono ci sia stata una correlazione. Il belga, oltre l'appoggio di Samaranch, aveva avuto bisogno dei voti dei membri del Cio che rappresentavano i Paesi asiatici.

Questi voti glieli ha garantiti la Cina, che non lo ha fatto senza chiedere nulla in cambio, e tutto ciò è potuto avvenire sotto la regia di Samaranch. Jacques Rogge, è diventato pertanto presidente del Cio superando Richard Pound, per lungo tempo presidente della Wada, l'agenzia mondiale antidoping. L'assegnazione dei Giochi olimpici 2008 ha di fatto avallato e legittimato chi sta al potere e guida il Paese, come era avvenuto con le Olimpiadi del 1936 a Berlino. Ospitare le Olimpiadi ha significato per la Cina poter mostrare al mondo intero come, in apparenza, il Paese stesse crescendo in modo pacifico, oscurando quanto nel suo territorio e nel Tibet si stava e purtroppo tuttora si sta verificando in termini di brutale repressione. Chi non si ricorda Norimberga e tutto il resto?

Non sono mancate le voci critiche nei confronti di questa assegnazione.

L'economia cinese viaggia ancora spedita verso un primato che in pochi anni potrebbe scalzare gli USA dal ruolo di Paese leader, ma nel contempo sta creando una Nazione in cui le disuguaglianze aumentano di numero e di gravità. La Cina aveva bisogno delle Olimpiadi per mostrare al mondo il volto di un Paese nuovo lanciato verso il futuro.

Un futuro incerto. Dalla dignità incerta. Dal destino incerto.

Questi erano i fatti che stavano a monte di quei Giochi e sulla cui gravità si volle tacere. L'attenzione del mondo, nel momento in cui i televisori di tutto il pianeta si accesero per seguire prima la sontuosa cerimonia d'apertura e poi le gare, fu tutta per gli atleti. Chi si ricordò del Paese, dei suoi poveri, dei suoi dissidenti?

Le gare dei Giochi

La stagione di un atleta di massimo livello comincia sempre con uno sguardo al calendario. Si cerca la data dell'appuntamento più importante e ce la si imprime nella mente: là occorrerà giungere al massimo della forma. Da là si procede a ritroso nelle settimane e nei mesi, collocando microcicli d'allenamento, periodi di scarico e gare che, il più delle volte, sono «in funzione di»: verifiche di condizione per accertarsi che il lavoro stia procedendo nella direzione giusta e per correggere per tempo la rotta se l'esito non è all'altezza delle aspettative. Questo cammino, mano a mano che si susseguono le stagioni, è confortato o afflitto da un punto di riferimento importante e al tempo stesso scomodo: i dati degli allenamenti delle stagioni precedenti, che ogni atleta di livello deve sempre tenere con sé.

Questo è accaduto anche a Bolt nel 2008 e il confronto con il lavoro svolto nel 2007 deve aver rappresentato una bella carica di sicurezza, perché i progressi erano a dir poco impressionanti.

Prima della gara dei 100 metri, nel villaggio olimpico girò la voce che Tyson Gay soffrisse di un infortunio. Non c'era niente di più pericoloso che perdere concentrazione aggrappandosi a un'ipotesi che avrebbe reso più facile la gara. In atletica, con i «se» e i «ma» non si va da nessuna parte. Bolt doveva rimanere concentrato sul proprio obiettivo. La ricetta? Pensare che se si fosse espresso al massimo, nessuno degli avversari lo avrebbe potuto impensierire. Pensare che doveva «uccidere» Tyson Gay.

Alle 10 del mattino corse la batteria del primo turno in 10''20 e vinse senza difficoltà.

Lo stesso fece Tyson Gay.

Il viaggio dei grandi velocisti verso la finale è una sfida a distanza. Una sfida nervosa. Ricorda quella dei pugili che, prima di un incontro, si beccano a suon di dichiarazioni di fuoco. Nella velocità le parole sono sostituite dai numeri dei risultati cronometrici, ma per il resto è uguale.

Dieci ore separavano allora gli atleti dal secondo turno: Bolt tornò al villaggio olimpico, mangiò qualcosa e provò a dormire.

Si aggiudicò il suo quarto di finale in 9''92 correndo sciolto, coordinato, naturale: si girò a controllare gli avversari, rallentò vistosamente negli ultimi metri, affrontati col busto eretto, tipico di chi ha tolto il piede dall'acceleratore. Beninteso: sono cose che si sono sempre fatte nei turni di qualificazione, sia per risparmiare energie sia per impressionare gli avversari diretti, che non sono ancora quelli affrontati in quella prova, ma che guardano dai monitor, dopo essere stati a loro volta impegnati nello stesso turno o in procinto di esserlo tra breve. E che dalla facilità dell'azione devono trarre motivo di preoccupazione.

Si è sempre fatto, dicevo, ma non si concludeva in 9''92, il miglior tempo di tutti coloro che avevano conquistato il passaggio alle semifinali. Tyson si qualificò con il nono risultato e questo fece pensare che la notizia dell'infortunio fosse fondata. Se ne ebbe conferma il giorno dopo, in semifinale: Gay fu quinto in quella vinta da Powell e rimase fuori dall'epilogo della corsa più attesa dei Giochi.

Bolt si aggiudicò l'altra in 9''85, sei centesimi in meno di Powell. Aveva «ucciso» Tyson Gay. Il futuro era solo per lui. Missione compiuta.

Facile

Cosa mi è rimasto impresso di quella gara? La facilità di corsa di Usain.

«Facile» è la parola che da sola riassume Bolt a Pechino: tutto gli riusciva facile, in allenamento e in gara. Lo avvolgeva inoltre un grande affetto che la gente gli dimostrava in ogni momento, dagli spalti e per la strada. Anche questo conta.

Si avvicinava inesorabile l'appuntamento con una manciata di dieci secondi che da sola vale una vita e Usain si sentiva a proprio agio. *Ali, bunna ye!* Vi ricordate?

Scelse di non tornare al villaggio olimpico e di rimanere nella zona di riscaldamento, dove iniziò a girare la voce che in finale avrebbe potuto ritoccare il record mondiale.

Aveva bisogno di rilassarsi e di rimanere concentrato allo stesso tempo. Più precisamente: per rimanere concentrati la cosa migliore da fare è rilassarsi. Con l'allenatore ebbe il tempo di scherzare un po' e di approfondire uno o due punti importanti sull'interpretazione della gara. Ma poi si rimane soli, si *deve*, anzi, rimanere soli con i propri pensieri. E la nostra feroce voglia di vincere. Conta solo questo. Buttare via tutto il resto.

In quei giorni a Pechino faceva molto caldo. Questo per un velocista può sembrare meno preoccupante di quanto lo sia per un mezzofondista o, ancor più, per un maratoneta: per loro la temperatura è un elemento determinante che può incidere sull'esito della gara. Per l'atleta che corre i 100 o i 200 metri, più del caldo in corsa, esiste il rischio che si insinua a monte dello sparo: i crampi. Col sudore cala il livello di idratazione dei muscoli e aumenta quindi il rischio di crampi nel momento in cui cominciano le contrazioni rapide e violente della gara.

Il team che seguiva Bolt aveva pensato anche a questo: da un mese l'atleta aveva intrapreso un programma che garantiva in modo costante la corretta assunzione di liquidi. Finché si rimane idratati non c'è pericolo di crampi.

Ne so qualcosa anch'io che, essendo chiamato nelle competizioni che contavano a correre diversi turni di gara, cercavo di bere il più possibile. Agli Europei di Praga del 1978, ad esempio, tra 100, 200 metri e staffette 4x100 e 4x400, tra batterie, semifinali e finali disputai dieci gare in sei giorni (Bolt a Pechino è arrivato a nove, tra 100, 200 e 4x100). Ma io ero Pietro, l'«Espresso di Barletta», anzi, «La freccia del sud», come mi chiamavano i giornalisti, lo Stakhanov dell'atletica.

Questa dello staff è una delle differenze fondamentali per comprendere come sia cambiata la condizione di un grande atleta: il mio entourage era costituito dall'allenatore e solo in occasione dei grandi eventi a noi due si aggiungeva un massaggiatore, che però era uno solo per tutta la nazionale.

Bolt deve pensare solo agli allenamenti e alle gare. Per ogni altra situazione, necessità o incombenza, c'è qualcuno dello staff che si frappone tra lui e l'imprevista attività, preservandolo da stress e fatiche. Più facile vero?

In quella pausa tra semifinale e finale gli era vicino il massaggiatore, che interveniva solo in situazione di bisogno, perché il giamaicano non ama farsi mettere le mani addosso.

Un po' di delusione gli faceva compagnia, generata dall'assenza di Gay: la vittoria è tale se è completa, ottenuta cioè su tutti gli avversari. Qualcuno avrebbe sempre potuto eccepire che aveva vinto perché Tyson Gay si era infortunato. No, l'aveva «ucciso» lui, dentro, e lo sapeva.

I media stessi cominciavano a sottolineare l'assenza dello statunitense: avevano dato ampio risalto alla rivincita tra i due atleti, alimentando nel pubblico l'attesa del duello.

Vietato, però, da parte di Usain, lasciare entrare nella mente un pensiero di rilassatezza, indotto dalla mancata sfida.

Restavano, allineati nelle corsie a fianco, atleti in grado di togliere il sonno a chiunque.

Uno su tutti: Asafa Powell, uno dei migliori sprinter al mondo, che aveva detenuto per tre anni il record mondiale sulla distanza dei 100 metri, prima che Bolt glielo togliesse.

La pressione dei media su Asafa era intensa almeno quanto quella su Usain. Gli si attribuiva la possibilità di riprendersi lo scettro della velocità con una grande vittoria. La tensione era alta e Powell l'accusò, cedette. Vi erano altri avversari nella finale che avrebbero potuto mettere in difficoltà Bolt: il terzo giamaicano,

Michael Frater, e i due atleti di Trinidad, Marc Burns e Richard Thompson.

Era giunto il momento di chiudere la pratica dei 100 metri olimpici.

Il 16 agosto 2008, nel suggestivo stadio «Nido d'Uccello», Bolt ha corso i 100 metri della finale in un incredibile 9''69, rallentando negli ultimi metri.

Proprio così: passata la linea dei 70 metri, si è rialzato per gioire, senza tradire segni di contrazione o di affaticamento e finendo la corsa con una scarpa slacciata.

9''69: nuovo record mondiale.

Secondo Richard Thompson (Trinidad e Tobago) con 9''89, la vera rivelazione della corsa. Terzo Walter Dix (USA) in 9''91, quarto Churandy Martina (Antille Olandesi) con 9''93, quinto Asafa Powell con 9''95, sesto Michael Frater con 9''97, settimo Mark Burns con 10''01, ottavo Darvis Patton con 10''03.

In una stessa finale sei atleti hanno abbattuto il muro dei 10 secondi netti, obiettivo mito di tutti gli sprinter, di ogni generazione.

Alla partenza, Thompson e Dix erano stati i più veloci a uscire dai blocchi; la loro posizione nella prima parte della gara aveva tolto a Bolt la visuale su Powell, che gareggiava in settima corsia. Meglio così, devi vedere, sentire, mordere solo la tua. La finale dei 200 metri di Mosca '80 l'ho corsa in ottava corsia: tutti dietro, nessun punto di riferimento se non me stesso.

Il tempo di reazione allo sparo di Bolt è stato il penultimo degli otto finalisti, ma la sua successiva fase di spinta ha avuto uno sviluppo straordinario, al punto che ai 55 metri della gara era già avanti al gruppo.

Agli 85 metri lo ha raggiunto la ferma convinzione di aver vinto. L'unico che a quel punto avrebbe potuto impensierirlo era Asafa Powell che però, come già ricordato, era fuori dalla visuale di Usain e ciò gli faceva supporre di averlo dietro.

Bolt è diventato così il primo atleta a vincere i 100 metri per la Giamaica ai Giochi olimpici, in una finale storica per il Centro America: per la prima volta si erano sfidati tre giamaicani, un rappresentante delle Antille olandesi e due di Trinidad e Tobago, la piccola isola che l'oro dei 100 metri piani lo aveva già conquistato nel 1976, a Montreal, grazie ad Ashley Crawford. Due statunitensi avevano completato la griglia di partenza e tra questi mancava il più forte: Tyson Gay. Il cambio della guardia era avvenuto: la velocità aveva ora un nuovo re.

21 agosto 2008. Compleanno con medaglia. D'oro. Nel giorno dei 22 anni compiuti, Bolt si è ripetuto sulla doppia distanza, correndo i 200 metri in 19"30, nuovo record mondiale, migliore di due centesimi del 19"32 di Michael Johnson che sembrava avviato, sulla scia del mio 19"72, a diventare uno dei record più longevi dell'atletica: è caduto, invece, dopo dodici anni e venti giorni.

Secondo si è classificato il campione olimpico uscente Shawn Crawford con 19"96, a sette metri di distanza dal vincitore. Terzo è arrivato Walter Dix (USA) in 19"98.

Note dai taccuini dei giornalisti presenti in zona mista, l'area a ridosso dell'arrivo dove è possibile raccogliere le battute a caldo degli atleti: «Mi dicevo non morire, non morire. E mi dicevo anche: se devi fare anche questo record fallo qui, la pista è veloce. E quando ho rivisto tutto sul tabellone, ho potuto constatare quanto io sia andato veloce».

Solo un campione vero risponde così, fidatevi.

Note dai taccuini dei tecnici: Bolt aveva appena corso a 37,305 di media oraria. Trentasette chilometri all'ora! Note dai taccuini degli statistici: l'ultima «doppietta» su 100 e 200 metri ai Giochi olimpici era stata realizzata a Los Angeles 1984 da Carl Lewis. Bolt è diventato il nono di questi doppi vincitori. L'unico ad averlo fatto con due record mondiali e il quinto atleta della storia che abbia abbinato il record del mondo alla medaglia olimpica.

Nota, infine, dal taccuino della memoria di uno che ha provato sia a vincere sia a inseguire un vincitore: i 66 centesimi di distacco che Bolt ha posto tra sé e gli avversari rappresentano il più grande abisso mai scavato nella storia di questa specialità. Quando Johnson, nella finale di Atlanta 1996, ne aveva inflitti 36 a Fredericks, era sembrato a tutti che si trattasse di un distacco enorme.

Vale la pena rivivere questa gara di Usain da un punto di vista tecnico: l'avvio è stato perentorio, deciso: la curva è stata affrontata con assetto composto e costante, al punto che i primi 100 metri sono stati percorsi in 9''89. I secondi 100 metri hanno rappresentato una lezione di naturalezza ed efficacia utile a chiunque viva o sogni di vivere l'esperienza di sprinter ad alto livello. Ai giovani velocisti rivolgo questo invito: guardatela e riguardatela fino alla nausea, quella finale dei 200 metri dei Giochi olimpici di Pechino. Non importa se non riuscirete a ottenere quel tempo da leggenda e quella vittoria che da sola riscatta una vita. Quello che è importante è che facciate vostra la lezione di naturalezza che la corsa di Usain ha trasmesso a tutti quel giorno. Sì è velocisti puri quando ci si riesce a esprimere così, con un filo diretto tra la mente e il corpo, che non è rallentato dal pensiero e che traduce in energia reattiva ogni vostra risorsa muscolare e nervosa. Di più: ogni vostro ricordo di rabbia e di sofferenza. Si vola.

Guardatela e mandatela a memoria anche perché quella volata che ha scardinato la storia ha qualcosa di raro anche nell'immensa carriera del giamaicano: si è trattato di una delle poche volte in cui ha corso impegnato fino in fondo, concedendosi solo un'occhiata al tabellone sul traguardo quando ha visto il tempo,

19''31, precisato poi in 19''30, e abbandonandosi solo dopo la linea d'arrivo all'esultanza, al giro con la bandiera giamaicana e alle dichiarazioni orgogliose: «Io sono il numero uno» mentre lo stadio intonava: «Happy birthday to you».

È in quel 21 agosto 2008 che è nata la prima idea di questo testo. Da tempo ho preso l'abitudine di seguire i grandi appuntamenti dell'atletica in tv. I giornalisti mi chiamano per un commento a caldo, tanto vale farsi trovare preparati. È stato un tutt'uno indissolubile leggere quel tempo sul tabellone dello stadio e avvertire come un vortice che mi risucchiava nel passato più profondo di tutta la mia storia insieme ai protagonisti che mi erano al fianco. Un abisso tecnico sconcertante e affascinante si è aperto allora davanti ai miei occhi. Ho sentito definitivamente che eravamo tutti entrati in un'altra dimensione dello sport, di fronte alla quale ogni reazione era lecita tranne rinunciare a capire. Una sensazione che non avevo avvertito al cospetto del 19''32 di Michael Johnson, pur ugualmente ottenuto in una finale olimpica. Perché la mia attenzione non è stata catturata tanto dai due centesimi che separano il record di Pechino da quello di Atlanta, ma dalla figura dell'atleta che avevo appena visto in azione. C'era qualcosa di Tommie Smith e qualcosa di nuovo, lontano dall'esasperata «muscolazione» di tutti gli statunitensi leader nel dopo Lewis, e c'era al tempo stesso una facilità antica che aveva del disarmante. Lì è nata la curiosità di conoscere l'uomo che sta dietro e dentro quelle prestazioni. L'occasione si sarebbe concretizzata più tardi, al Golden Gala di Roma del 2011, ma l'inseguimento è cominciato in quella sera di estate avanzata, 21 agosto 2008. Lì è rinata davvero Olimpia.

Dopo aver visto questa gara, il mio allenatore, Carlo Vittori, ha commentato: «Molto difficilmente qualcuno potrà migliorare questi record lunari» [...] «È uno sprinter puro che ha dimostrato di avere una spaventosa capacità di resistenza alla velocità, accompagnata da una corsa efficace, poco dispendiosa, con passi che, nella fase lanciata, toccano i 2,70 metri di lunghezza». Per Usain Bolt le fatiche nelle Olimpiadi cinesi non erano certo terminate con le due gare individuali, perché ha poi partecipato anche alla staffetta 4x100 che ha stabilito il record mondiale con il tempo di 37''10, migliorato di tre decimi e che rappresenta per il giamaicano il terzo primato a soli 22 anni. Bolt ha gareggiato in terza frazione e ha fatto la differenza. Mai prima di allora si era visto all'opera un velocista capace di vincere quasi scherzando 100, 200 e staffetta 4x100 metri.

I veri sconfitti al termine delle gare di velocità sono stati gli USA, che ne sono usciti per la prima volta nella storia dei Giochi senza neppure una medaglia d'oro.

Importanti le dichiarazioni di Mills, suo allenatore, alla luce del doppio record dei 100 e 200 metri a Pechino: «Abbiamo lavorato tre anni per costruire questa realtà. L'anno scorso, l'obiettivo invernale era di vincere l'oro dei 200 metri alle Olimpiadi. Il problema di Usain consisteva nel fatto che eseguiva sì la curva molto velocemente, ma cedeva nel finale. Così ho pensato di fargli percorrere una strada diversa: doveva migliorare la velocità di base, per spendere meno all'inizio e poi avere più energia in fondo. È per questo che ci siamo dedicati ai 100 metri ed è venuto fuori il record del mondo. Usain fra un paio d'anni sarà pronto fisicamente per i 400 metri. Ci arriverà da solo, perché ci sarà un'evoluzione mentale. Per ora si è allenato a non avere la paura di una gara, a non curarsi degli avversari, ma di se stesso, e poi prenderà coscienza dei 400 metri».

Qui si stanno prenotando le prossime Olimpiadi, 200, 400

piani e relative staffette.

Risultati così stellari non mancarono certo di suscitare critiche. Il primo a formularle fu lo sprinter tedesco Tobias Unger, che nella capitale cinese parlò di vere e proprie «prestazioni burla»: «È impossibile che un essere umano raggiunga tali risultati quasi senza fare riscaldamento e che a fine gara non sembri neppure affaticato». Dopo qualche mese, a queste osservazioni si aggiunsero quella del grande Carl Lewis, che manifestò allora (e spesso in seguito avrebbe continuato a rendere noto) un particolare scetticismo verso i risultati dei giamaicani. Il «figlio del vento» fece notare che «il giamaicano era balzato ai vertici assoluti in un lasso di tempo assai breve, passando da 10''03 a 9''69 in un solo anno». E inoltre che «tra tutti gli atleti capaci di correre i 100 in 9''80 e meno, tre fino ad allora erano stati trovati positivi al doping e un quarto era stato costretto a fermarsi per un anno».

Da lui mi sarei aspettato ben altro fair play. Impari, allora, da campioni come Arthur Ashe.

Dopo le vittorie di Bolt a Pechino, è partita anche la discussione su chi fosse l'eroe dei Giochi 2008. Il «ballottaggio» ha riguardato lo sprinter giamaicano e il più grande nuotatore di tutti i tempi, Michael Phelps, che aveva conquistato otto medaglie d'oro e aveva stabilito sette record del mondo. «Nessun paragone può reggere tra noi due: io corro in pista, Phelps gareggia nell'acqua», ha tagliato corto Bolt. E qui si chiude la sterile discussione, almeno per me.

2009, ritorno a Berlino

La grande atletica ha ritrovato Berlino, 73 anni dopo un'edizione dei Giochi olimpici indimenticabile dai punti di vista sia tecnico e organizzativo, sia, soprattutto e purtroppo, storico.

Quelle lontane giornate di sport ad altissimo livello avevano segnato uno dei momenti più tristi e tragici della vicenda umana: l'ascesa politica del Terzo Reich.

Un regime, quello nazista, che attraverso le Olimpiadi desiderava mostrare al mondo un volto di efficienza e progresso. Sieg Heil e Aushwitz, Goebbles e Jesse Owens. Chi dimenticherà mai la faccia terrea del Fürher?

Nel dopoguerra lo sport aveva offerto alla Germania le più importanti occasioni per voltare pagina e riappacificarsi con l'Europa e il resto del mondo: i Giochi olimpici del 1972 a Monaco di Baviera, la Coppa del mondo di calcio nel 1974 e, per quanto riguarda l'atletica, la Coppa del mondo 1977 a Düsseldorf, i Campionati mondiali 1993 a Stoccarda e i Campionati europei 2002, di nuovo a Monaco. Berlino, che propone ogni anno un meeting stellare, la Berlino rinata a nuova vita dopo il crollo del Muro, dopo essere stata candidata senza fortuna, nel 1993, come città sede dei Giochi olimpici del 2000, aveva ospitato nel 2006 la finale della Coppa del mondo di calcio conquistata dagli azzurri. Una capitale finalmente europea

Il governo e il popolo tedesco hanno vissuto anche i Mondiali di atletica del 2009 come un'occasione per far dimenticare quei momenti, ma soprattutto per mostrare che, nonostante la crisi economica mondiale montante, il Paese era sempre forte e pronto alla leadership di un'Europa in cui molte nazioni erano invece già in profonda difficoltà economica. I famosi «Pigs».

Lo sport moderno rappresenta da sempre una grossa vetrina sia politica sia economica. Ogni evento internazionale può diventare occasione per offrire indicazioni all'opinione pubblica, soprattutto se si dispone di personaggi sportivi come Usain Bolt.

Il 2009 si presentava per Usain con i classici segni dell'anno post olimpico: un arretrato di stanchezza generato dai numerosi festeggiamenti e dalle infinite cerimonie cui aveva partecipato.

Uno stress continuo, inevitabile, con gli sponsor a premere notte e giorno.

La programmazione, in origine, prevedeva che gli allenamenti sarebbero iniziati un mese dopo la fine delle Olimpiadi, ma poiché il campione era esausto, il coach Mills gli concesse un supplemento di vacanza di tre settimane. Questo ritardo nella preparazione non compromise il lavoro impegnativo che attendeva il giamaicano in vista di una stagione che si annunciava importante e che avrebbe trovato l'epilogo proprio nel Mondiale tedesco.

Era poi capitato, però, un ulteriore inconveniente: alla fine di aprile, sull'autostrada che da Kingston va verso ovest, la Highway 2000 che, dopo i tre ori olimpici, era stata ribattezzata «Usain Bolt», l'atleta si era schiantato con la sua auto e si era infortunato a un piede.

Era alla guida di una BMW M3, che gli era stata consegnata solo due mesi prima dalla Puma come premio per i risultati di Pechino 2008. Con lui, in quel piovoso pomeriggio, viaggiavano due amiche, sui sedili posteriori. L'auto a un certo punto ha perso aderenza per ragioni non riconducibili alla forte velocità, anche se la dinamica dell'incidente lo suggerirebbe. È entrata in autorotazione e, una volta urtato il cordolo della strada, ha preso il volo ed è ricaduta capovolta in un fossato, completamente distrutta.

Bolt come sempre guidava scalzo ed è probabile che il piede sinistro gli sia scivolato nuovamente sulla frizione dopo aver scalato una marcia con l'intenzione di ridurre la velocità, causando così l'effetto contrario di escludere completamente il freno motore e consegnare l'auto all'inerzia della forza centrifuga, senza alcuna possibilità di riprenderne il controllo. Il campione ricorda di essere stato sbalzato all'indietro e di aver istintivamente portato le mani contro il tettuccio per proteggere la testa dagli urti. È uscito dall'auto praticamente illeso e ha cercato di soccorrere le due ragazze. Una era cosciente, l'altra era svenuta e perdeva sangue. Con l'aiuto di un altro automobilista si è precipitato a tirarla fuori dall'abitacolo, preoccupato che la vettura potesse prendere fuoco.

Per quanto paradossale possa sembrare, è in questo frangente che Bolt si è fatto male, perché, risalendo scalzo dal fossato pieno di arbusti e poi ritornando verso l'auto dove ha forzato la portiera per estrarre la ragazza, ha calpestato delle spine, maledette.

I medici dell'ospedale di Spanish Town, dove i tre sono stati poi ricoverati, hanno fatto di tutto per rimuoverle, ma erano tantissime e sono riusciti a estrarne solo una piccola parte.

«Ringrazio solamente il cielo di essere ancora qui. In vita mia ho avuto tre incidenti automobilistici e questo è stato il più grave. Mi è andata veramente di lusso».

Le ferite al piede gli hanno impedito di allenarsi per circa due settimane.

Uno stop forzato che non gli ha comunque impedito di rispettare la programmazione stabilita in vista dei Mondiali di Berlino.

L'incidente avrebbe potuto compromettere la stagione agonistica. Anche dal solo punto di vista psicologico, guardare la morte da vicino non è mai uno scherzo. Bolt, invece, si è gradualmente ripreso e si è presentato all'appuntamento berlinese in uno stato di forma ancora migliore di quello dei Giochi di Pechino 2008.

Il 17 maggio 2009, a Manchester, ha corso per la prima volta la distanza dei 150 metri in 14''35. Il risultato non è stato omologato dalla Iaaf poiché il tempo è stato conseguito su una pista in rettilineo.

Nella bacheca delle migliori prestazioni di questa «distanza non olimpica» resta ancora il mio 14''8, ottenuto sulla pista dello stadio comunale di Cassino, il 22 marzo 1983.

Quando Bolt deciderà di cimentarsi su questa distanza, ma su di una pista regolare, non farà fatica a ottenere un tempo inferiore al mio.

A dispetto del prologo di sfiorata tragedia per l'incidente automobilistico, il 2009 può essere considerato l'anno di grazia di Usain Bolt. Ai Mondiali di Berlino è stato capace di superarsi ancora, portando il record mondiale dei 100 metri a 9''58 (da 9''69) e quello dei 200 a 19''19 (da 19''30).

Diventa sempre più difficile valutare il suo spessore tecnico: il giudizio sulla consistenza di un risultato si basa sempre sul confronto con i precedenti e con gli atleti, magari di altre epoche, che li hanno ottenuti. Nel caso del giamaicano la grandiosità ripetuta delle gesta finisce per diventare imbarazzante: ogni volta, un limite che ha dell'impossibile viene poi ridimensionato da una prestazione ancor più sorprendente. Ottenuta, per di più, con apparente facilità.

Il mondo dell'atletica sembra aver esaurito le parole.

Ma quello che è ancora più difficile da misurare è la sua forza nel mondo della comunicazione. Non appena i riflettori si sono accesi sulla pista di Berlino, è apparso chiaro come tutto il mondo, dell'atletica e non, si aspettasse qualcosa di eccezionale da lui.

Il più cercato, il più pagato.

Uno dei pochi sportivi capaci di colpire l'immaginazione degli adolescenti di oggi, nella cui vita i campioni entrano con più difficoltà rispetto al fascino che hanno invece esercitato sulle generazioni precedenti. La Puma, che sponsorizza la nazionale giamaicana, ha proprio in Bolt il testimone più prestigioso. E ha fatto a suo tempo, con lungimiranza, un investimento e un business grandiosi.

Quello di Berlino è stato il suo primo e vero Mondiale da protagonista assoluto. Nel 2007, a Osaka, pur ottenendo sui 200 metri la medaglia d'argento alle spalle di Tyson Gay, aveva svolto ancora un ruolo da comprimario. Ora, finalmente, era solo, *over the top*, il migliore.

100 metri in 9''58

All'arrivo a Berlino, Usain non era al massimo della condizione: «L'incidente d'auto in aprile mi ha un po' scombinato. Sono arrivato qui in una forma abbastanza buona, ma non eccezionale». Il responso della pista ha smentito questa dichiarazione prudente.

Finale dei 100 metri: primo Usain Bolt, 9''58; secondo Tyson Gay (USA), 9''71; terzo Asafa Powell (Giamaica), 9''84; quarto Daniel Bailey (Antigua), 9''93; quinto Richard Thompson (Trinidad e Tobago), 9''93; sesto Dwain Chambers (Gran Bretagna), 10''00; settimo Marc Burns (Trinidad e Tobago), 10''00; ottavo Darvis Patton (USA), 10''34.

Una corsa che ha riproposto l'egemonia dei Caraibi: oltre a Bolt erano in gara un altro giamaicano (Powell), due rappresentanti di Trinidad e Tobago (Thompson e Burns), uno di Antigua (Bailey) opposti alle scuole classiche della velocità, qui rappresentate da due statunitensi (Gay e Patton) e dal discusso britannico Chambers, tornato alle gare dopo due anni di squalifica per doping. E gli USA? E gli altri sprinter di tutto il mondo?

Rispetto alla finale dei Giochi olimpici di Pechino, Bolt è stato in grado di limare altri 11 centesimi, un miglioramento importante per una gara di 100 metri.

In questa prova il suo tempo di reazione allo sparo è stato di 0,146 secondi; la velocità media sviluppata è stata registrata in 37,58 km/h con queste specifiche: dai 0 ai 50 metri 34,42 km/h, dai 50 al traguardo 43,69 km/h, con un ampiezza media di 2,44 metri al passo e 10,40 metri percorsi in ogni secondo di corsa.

Se si prendono in esame i secondi 50 metri, i dati cambiano: se la velocità media, come sopra ricordato, è risultata di 43,69 km/h, quella di punta ha raggiunto i 44,44 km/h, mentre l'ampiezza della falcata è stata misurata in 2,78 metri. In questa gara, Bolt non ha mai rallentato e ha percorso gli ultimi 10 metri in 82 centesimi di secondo. Anche nei 100 metri, gara breve e mitica per eccellenza, ha un ruolo attivo e importante la resistenza. Di solito gli sprinter, negli ultimi metri, sono portati a decelerare. Nel caso del record del mondo di Bolt a Berlino non si è verificata nessuna decelerazione. Se si rivede quella gara ci si rende conto di come Usain abbia corso nella parte finale come se fosse fresco, appena partito. C'è qualcosa di non spiegabile, vorrei dire di vagamente mitico, in tutto questo. Non spiegabile perfino per me, che di vagamente mitico ho visto tanto, in vent'anni di pista.

Quando in una gara di 100 metri si riesce a realizzare il tempo di 9''58, si è portati a pensare di aver corso la gara della vita, quella perfetta. Non è stato così nel caso di Bolt: il coach Mills gli ha fatto notare che «all'uscita dai blocchi, la fase di accelerazione è stata troppo breve» e che «nella parte centrale della gara i tuoi passi non avevano sviluppato la giusta ampiezza e durante la corsa tenevi la testa troppo alta». Analisi inoppugnabile che finisce per mettere in evidenza come, per quanto incredibile ci possa sembrare, Usain abbia ancora margini di miglioramento. E che Mills è un coach autentico, che fa davvero il suo mestiere.

Dallo studio dei risultati di quella gara emerge un altro elemento interessante: il comportamento degli avversari. Si sarebbe portati a pensare che, costretti a confrontarsi con un concorrente così fuori portata per chiunque, gli altri atleti abbiano finito per sentirsi demotivati e non abbiamo spinto al massimo o, almeno, non fino in fondo alla corsa. Che li abbia, cioè, condizionati tutti, praticamente stesi.

Al contrario, pare abbia funzionato tra loro e Bolt un meccanismo di stimolo a vicenda. Molti di loro hanno stabilito i record personali e c'è chi addirittura ha realizzato la gara della vita. È stato il caso di Tyson Gay, il grande assente dalla finale di Pechino 2008, che subito dopo quella di Berlino ha dichiarato: «È stata la gara più bella della mia vita e il record del mondo di Bolt le dà ancora più valore. Io mi devo accontentare del primato statunitense, ma sono soddisfatto così. Proverò ancora a battere Usain, garantito». Qui abbiamo Lazzaro resuscitato. Un altro miracolo di Bolt. Sempre dopo la finale dei 100, Asafa Powell, terzo classificato, ha dichiarato: «Riparto da qui, è la miglior gara della mia stagione. Purtroppo sono arrivato a questi Mondiali solo al 90% della condizione».

Usain Bolt ha percorso i 100 metri in 41 passi (sono stati 18 nella seconda metà della gara), l'azione tecnica di corsa è stata buona e buona l'azione di spinta, efficace fin dai primi appoggi. Nel momento in cui si è lanciato con le sue ampie falcate non c'è stato nulla da fare per gli altri. Solo quando era ormai sicuro di aver vinto ha guardato il tabellone del cronometro che gli ha dato la notizia del nuovo record mondiale: 9''58. Glen Mills gli ha poi comunicato di ritenerlo capace di correre la distanza ancora più velocemente: 9''54.

Dopo quella finale dei Campionati mondiali di Berlino, il mio amico giamaicano Donald «Don» Quarrie, ha dichiarato: «Sapevo fin da Pechino che un tempo simile era nelle sue gambe. Là spinse per 50 metri, questa volta è andato fino in fondo. Onore agli avversari, lo hanno stimolato davvero. Usain è il nostro orgoglio, ma non è finita, farà grandi cose nei 200 e nella 4x100. Altri record del mondo? Se lo vorrà, li otterrà sicuramente. Anche nei miei 200».

Di simile avviso è stato anche il canadese Donovan Bailey, campione olimpico sui 100 metri ad Atlanta 1996, che a proposito di quell'ultimo record del mondo dei 100 metri di Bolt, ha dichiarato: «Credo di aver assistito alla più grande impresa sportiva di sempre. Ci rendiamo conto che non ha ancora 23 anni e che praticamente non aveva mai corso i 100 metri, prima del 2008? Tra partenza e fase lanciata mi ha impressionato».

Senza parole è rimasto anche John Smith, già allenatore di Maurice Greene e di Ato Boldon, che in passato era stato un grande interprete dei 400 metri: «Gay ha fatto una cosa pazzesca, ha corso in 9''71 e non è andato oltre l'argento» […] «Powell è sceso a 9''84 per il bronzo. Usain è battibile solo salendo su di una moto e vedrete che, data l'età, migliorerà ancora. La sola speranza che gli sprinter puri avranno per poter rifiatare, è che un giorno decida di passare ai 400 metri».

Mai nessuno prima era riuscito a migliorare il record sulla breve distanza di ben 11 centesimi. In precedenza aveva fatto scalpore Maurice Greene, che ad Atene aveva corso i 100 metri in 9''79, migliorando il precedente limite di Donovan Bailey di 5 centesimi (9''84, Atlanta 1996). Mentre mi soffermo sull'infinitamente piccolo di questi distacchi avverto lo sforzo del lettore, che vive inevitabilmente con sufficienza questa riflessione e fatica a comprenderne l'importanza. I centesimi, nei 100 metri, fanno la differenza tra vincere e fallire. Il loro frapporsi tra noi e un avversario aveva e ha la consistenza di un muro impenetrabile, che ci inseguiva nei ripensamenti amari del dopo gara. Dovete capire che sono attimi spasmodici e feroci, sul filo del vento. Basta voltare un momento la testa, deviare dal tuo percorso ideale e sei fottuto. Provate a immaginarlo. Io ho tentato di descriverlo. Proverò anche a raccontare una finale olimpica, come fosse ora. Ma mi potrete seguire solo con la vostra infinita pazienza.

200 metri: 19''19

Tutto questo insieme di dati e opinioni ha permesso a Bolt di presentarsi alla finale dei 200 metri di Berlino consapevole di essere il padrone assoluto della velocità.

Perentorio e deciso già in avvio, ha fatto registrare un tempo di reazione allo sparo di 0,133 secondi, meglio ancora dello 0,146 della finale dei 100. Dai 50 ai 100 metri ha poi sviluppato una velocità tale da presentarsi all'inizio del rettilineo con un enorme vantaggio. Aveva infatti corso una curva perfetta e sul rettilineo ha seguitato a spingere molto di più che nella finale di Pechino. Il divario con gli avversari è stato netto. 19''19 è il nuovo record mondiale: 11 centesimi meno del precedente limite. Ha coperto la distanza a 37,519 km/h (37,305 a Pechino), che si traduce in 10 metri e 42 centimetri al secondo, per di più in totale assenza di vento. Con questa prestazione ha realizzato il proprio sesto record mondiale. Come già nei 100 metri, anche nei 200 il giamaicano ha battuto il suo precedente limite di 11 centesimi. È stato praticamente perfetto. L'alloro di Olimpia, quello ci voleva per lui.

Di nuovo trova spazio l'annotazione sul comportamento degli avversari, che in questa gara non sono andati certo piano. Lo dicono i risultati: primo Usain Bolt 19''19; secondo Alonso Edwards (Panama) 19''81; terzo Wallace Spearmon (USA) 19''85; quarto Shawn Crawford (USA) 19''89; quinto Steve Mullings (Giamaica) 19''98; sesto Charles Clark (USA) 20''39, settimo Ramil Gulyiev (Azerbajan) 20''61; ottavo David Alerte (Francia) 20''68. Hanno volato, ma che potevano fare contro quello che sembrava, passateci l'iperbole, davvero un semidio?

Altri quattro atleti hanno corso in meno di 20 secondi netti. Il ruolo di rivelazione, che a Pechino fu di Thompson, a Berlino lo ha interpretato il panamense Alonso Edwards, che ha corso la distanza in 19''81, a 62 centesimi da Bolt. Terzo il già conosciuto sprinter statunitense Wallace Spearmon, a 66 centesimi. Gli altri due capaci di chiudere prima dello scoccare del ventesimo secondo sono stati lo statunitense Shawn Crawford, dotato di un fisico da culturista (19''89), e il discusso giamaicano Steve Mullings (19''98).

In questa gara il distacco tra Bolt e i suoi avversari è stato dai 6 agli 8 metri. Distanze abissali, da fantascienza, nella moderna corsa veloce.

Bastano queste considerazioni sui tempi ad assicurarci che non sono gli avversari a non essere forti: è lui che oggi, nella velocità, appartiene a un altro pianeta.

Dopo la gara ha dichiarato: «Non pensavo al primato del mondo sui 200 metri, non lo ritenevo possibile, perché ero troppo stanco. Però sono partito bene, meglio di quello che ho sempre fatto nei 200. Forse sto crescendo» [...]«Mi stupisco di come sia andata a finire: non ero nella forma di un anno fa a Pechino. Avevo perso qualche settimana di lavoro dopo l'incidente di macchina a marzo: BMW distrutta e piede dolorante. A parte questo, mi dicevo anche che non è facile ripetersi. E invece... Il fatto è che niente è impossibile, specie quando si ha a che fare con uno come il mio allenatore».

«Non so cosa dire perché pensavo che il 19''30 dello scorso anno a Pechino fosse difficile da superare, invece anche questa serata mi ha fatto capire che non esiste record imbattibile. Passerà del tempo, poco o tanto, ma un giorno qualcuno batterà anche questi limiti. Mah, quello sarò proprio io».

2010, la stanchezza del fastest man

«Il mio sogno è diventare una leggenda dello sport. Per questo voglio continuare a vincere medaglie importanti». La dichiarazione, in sé legittima, finiva per dare involontariamente ragione al giornalista che gli aveva appena fatto notare che forse era troppo giovane per pubblicare un'autobiografia: *Usain Bolt My Story – 9''58 being the World's fastest man.*

E qui, forse, i critici non avevano tutti i torti. Troppo presto.

Segnali di stanchezza e di difficoltà hanno scandito il 2010 del *fastest man.*

Nella prima tappa della Diamond League, a Shanghai, ha corso i 200 metri in 19''76 (vento – 0,8 m/s). Si è trattato, a pensarci bene, di una prestazione inferiore di soli quattro centesimi al mio record del mondo. Fino al 1996 avrebbe guadagnato titoli sui media, ma sul «pianeta Bolt», dove la realtà parla di 200 metri corsi in 19''19, 19''76 ha il significato di un passo indietro.

Il 27 maggio al Golden Spike di Ostrava non è riuscito a far suo il record sui 300 metri di Michael Johnson: li ha percorsi in 30''85 buscando virtualmente dodici centesimi di secondo dal texano, che aveva coperto la distanza in 30''73, correndo i primi 100 metri in 9''70 e passando ai 200 metri in 19''80. Per fare rumore, lo speaker dello stadio ha dovuto sottolineare che Bolt aveva battuto il record del meeting, detenuto da Jeremy Wariner con 31''72.

Di rientro da un infortunio al tendine d'Achille, l'8 luglio ha corso allo stadio Olimpico de la Pontaise di Losanna in 9''82 (vento + 0,5 m/s) eguagliando la migliore prestazione mondiale stagionale di Asafa Powell. Poca cosa, per uno come lui.

La botta cruda è arrivata al meeting di Stoccolma, dove sui 100 metri è stato sconfitto dal suo Bartali di sempre: Tyson Gay. È finita a 9''84 contro 9''97 e si è interrotta una striscia vincente che sulla gara corta era durata per due anni e 14 finali. Resuscitare un morto. Un errore grave.

La stagione è finita lì, con l'immagine della schiena dell'avversario di una vita impressa nella mente. Devastante. Un'infiammazione alla parte inferiore della schiena ha convinto Usain a non partecipare al meeting di Zurigo, il «campionato mondiale in un giorno» che sta all'atletica come Wimbledon al tennis. Glielo ha suggerito il suo medico di fiducia, il dottor Haus Müller-Wohlfarht di Monaco di Baviera, celebre per aver curato alcune stelle del calcio. Una decisione giusta: se avesse continuato, avrebbe rischiato infortuni che avrebbero sicuramente interessato adduttori e polpacci. Nel corpo di un atleta funziona una sorta di effetto domino: lo sforzo innaturale e continuo, cui ci si sottopone per arrivare ai massimi livelli possibili, chiama tutti i distretti muscolari a contribuire al risultato. Se un singolo muscolo o un tendine non può dare il massimo, anche solo per una piccola contrattura o un principio di infiammazione, un'altra parte del corpo deve farsi carico della parte di lavoro non svolta dalla componente infortunata. Una precauzione accorta, ma il morale?

Si comincia con i dolori al tendine d'Achille e ci si ritrova con la schiena a pezzi. Il velocista all'apparenza è una statua umana, espressione di bellezza e potenza, ma nella realtà è un castello di carte: ne togli una, crolla tutto. «Sono molto dispiaciuto, ma, credetemi: è giusto andarci piano. Quelle del 2011 e del 2012 saranno stagioni molto importanti. Voglio rimettermi al meglio». I Ribot s'inceppano facilmente, all'improvviso.

2011, l'incontro

Migliaia di adolescenti. E di palloncini con la forma delle sue braccia che mimano il gesto dell'arciere, marchio di fabbrica del re dello sprint. Il Golden Gala 2011 è stato innanzitutto questo: la conferma della capacità di Bolt di bucare il video. Anzi: «i» video. Non solo quello della televisione, ma anche quelli degli schermi di pc che trasportano le menti dei ragazzi nell'oceano di Internet, che li incollano per pomeriggi interi davanti a una consolle, o al display dello smartphone per un sms d'amore che non arriva.

Bolt è entrato in quelle camerette di studenti dalle quali l'atletica era rimasta fuori, perché percepita come una lezione in più, noiosa come le altre che fanno della scuola un carcere della mente.

Il supereroe fumetto del pomeriggio accanto, che adesso sfila a una manciata di metri, dritto in piedi all'interno di una macchina elettrica da campo di golf. L'atletica imbalsamata del ventunesimo secolo si rifà il trucco e prova a scimmiottare il pugilato dei tempi d'oro, un po' sport, ma soprattutto tanto circo. Ma tanto, prima o poi, arrivano i cazzotti veri. Bolt che va in parata sulla pista, in piedi nell'automobilina, è Rocky e Apollo Creed al tempo stesso, campione della velocità e sfidante nella partita planetaria della comunicazione.

In fondo, è per questo che era nata questa serata, esattamente trentuno anni fa.

Mi rivedo: 5 agosto 1980, ancora più pubblico di questa sera che conta 49.000 spettatori.

La prima edizione del Golden Gala fu tutta costruita sul concetto di rivincita dei Giochi olimpici di Mosca, boicottati dagli Stati Uniti e da tutti i Paesi dell'allora «blocco occidentale»: presenti contro assenti.

Uno spettacolo mai visto per l'atletica italiana: 60.000 spettatori (54.000 paganti) che riservarono ai loro eroi di Mosca (Simeoni, Damilano e il sottoscritto) un'accoglienza straordinaria. Come i 100 piani del 26 maggio 2011, anche la corsa dei 200 metri venne disputata che erano quasi le 23, svolgendo così il ruolo di gara clou, che tiene il pubblico inchiodato agli spalti in attesa dell'epilogo della trama.

C'era, allora, un'umidità altissima. Lo stadio si rinchiuse di colpo ritirandosi in un silenzio irreale per poi esplodere allo sparo dello starter in un'onda di suono che mi sospinse verso il traguardo. Vinsi con 20''01 e ancora oggi mi chiedo che tempo avrei potuto ottenere in condizioni climatiche migliori. La classifica di quella corsa mise fine a tutte le parole di troppo su medaglie vinte grazie alle assenze di alcuni atleti. Dietro di me arrivarono Quarrie (secondo in 20''40) e gli assenti eccellenti di Mosca, gli statunitensi Williams (terzo in 20''70) e Taylor (quarto in 20''78). Ma io ero Mennea e avevo Vittori, non ero certo un divo dello star system. Non guadagnavo milioni di dollari...

Quella sera, però, era nata l'atletica spettacolo, l'intuizione che guidò la carriera di Primo Nebiolo, padre padrone delle piste e delle pedane. Progressivamente sarebbero entrati in scena tutti gli elementi del professionismo, dagli ingaggi ai diritti televisivi. Di questa atletica spettacolo Bolt rappresenta un capitolo nuovo, perché sintetizza a un livello mai visto prima eccellenza tecnica e capacità di far divertire la gente. Come Berlusconi nel calcio, e fu l'inizio della fine, quella vera.

A seguito degli infortuni era rimasto lontano dalle gare per ben dieci mesi e di colpo si trovava di fronte l'avversario-amico di sempre, Asafa Powell, e la rivelazione della velocità europea nonché primo uomo bianco a correre i 100 metri in meno di 10 netti: il francese Christophe Lemaitre (9''99 a Valence, in Francia, il 9 luglio 2010).

Una sfida impari, tutta a svantaggio di Usain dal punto di vista nervoso.

Questo è un altro dettaglio da non trascurare nella valutazione d'insieme di questo fenomeno dello sport.

I suoi avversari possono concentrarsi sulla gara senza altre incombenze che non siano la conferenza stampa e qualche intervista. Bolt arriva alla stessa linea di partenza reduce da una batteria impressionante di iniziative promozionali. Sulla sua possibilità di concentrazione grava un fardello di flash, *autograph session*, interviste, servizi fotografici ad hoc, incontri con le scuole, eventi organizzati dai suoi sponsor, Puma in testa, lanci di prodotti che declinano l'immagine del campione nelle innumerevoli invenzioni del merchandising.

All'esordio stagionale rischia così di non vincere: si aggiudica la gara con 9''91 precedendo Powell di soli due centesimi (9''93), guadagnati praticamente negli ultimi due metri. La sua partenza non è stata buona e l'azione di corsa nella prima parte della gara è apparsa macchinosa: dopo venti metri ne aveva già uno da recuperare su Powell e solo nel finale è riuscito a trovare in fondo a se stesso lo spunto d'orgoglio che gli ha permesso di vincere. Al terzo posto si è confermato il nuovo campione della velocità europea, Lemaitre, con 10''00. «Ero nervoso, stavolta Asafa è stato molto vicino, la mia è stata una gara totalmente sbagliata, l'importante è comunque averla vinta».

La lezione di Roma dice a Bolt che per rimettere gli avversari alla solita, debita distanza di 3-4 metri, bisogna vivere la vigilia delle gare con più tranquillità. Meno flash, meno sponsor, meno mondanità.

Anche perché la Golden League, il circuito che lega in un'unica classifica con premi stratosferici i più importanti meeting della stagione, è un tritacarne della condizione, come ho già spiegato: aereo, hotel, stadio, hotel, aereo e di nuovo hotel, stadio, hotel e di nuovo aereo... fino all'appuntamento culmine dell'anno, Mondiale o Olimpiade, poi di nuovo a testa bassa fino al termine della stagione.

Alcuni giorni dopo il Golden Gala, alla sua seconda gara del 2011, il meeting di Ostrava, sui 100 metri Bolt ha eguagliato al centesimo la prestazione cronometrica di Roma (9''91) vincendo la corsa, ma mostrando di essere lontano dalla migliore condizione di forma. Powell lo ha inseguito virtualmente, come scomoda presenza che aleggiava sulla pista in qualità di detentore del record della riunione: 9''83. Davanti a 20.000 spettatori, Usain è partito in quarta corsia, alla sua sinistra c'era il connazionale Steve Mullings, che deteneva la miglior prestazione stagionale con 9''89, ma penalizzato anche da una squalifica di due anni (2004-06) per doping; alla sua destra Daniel Bailey delle Antille.

Allo sparo, il giamaicano ha reagito meglio di Roma: 0''158 contro 0''174, la messa in moto è sembrata buona, ma l'accelerazione nella fase iniziale della gara è risultata lontana da quella dei giorni migliori: fino ai 60 metri, Mullings gli è rimasto a fianco, perdendo contatto ai 70 metri per poi chiudere la corsa con il tempo di 9''97.

«Sono un po' deluso, ma ricordate che arrivo da nove mesi senza gare. Comincerò a essere in forma a fine luglio. Rispetto alla prima uscita ho avuto buone sensazioni. Ho bisogno di gare e di parlare col mio coach». *Ipse dixit*...

L'affanno non è passato inosservato in tribuna, dove erano seduti due «colleghi» primatisti mondiali dei 100 metri: il canadese Donovan Bailey (9''84) e lo statunitense Maurice Greene (9''79). Bailey lo ha trovato fisicamente migliorato: «Ha un apparato muscolare perfetto, ma da lui ora ci si aspetta troppo. Viene da nove mesi di stop, e dopo appena due gare, due vittorie, due 9''91, qualcuno ha il coraggio di domandarsi se sia in fase calante».

«Non c'è ancora motivo di preoccuparsi – ha dichiarato Greene –. Anzi, ai Mondiali mancano quattro mesi. È giusto che non sia al 100%. Crescerà gradualmente. Gli ho suggerito di provare i 400 metri: non ci sente proprio...».

Rotta verso Daegu, allora.

Oslo, primo 200 metri di stagione.

Condizioni atmosferiche proibitive, con pioggia ininterrotta. Zero avversari, tredici mesi dall'ultima gara su questa distanza (Shanghai, 23 maggio 2010, 19''76). Nonostante tutto questo si è aggiudicato la prova con un importante 19''86.

Il tempo di reazione allo sparo non è stato eccezionale (0,197), ma in curva, dopo la fase di accelerazione, nonostante la pista allagata, è riuscito a prodursi in falcate ampie che gli hanno consentito di uscire per primo dalla curva. Sul rettilineo la sua azione di corsa è stata morbida, efficace, permettendogli di mettere oltre cinque metri tra sé e gli avversari sulla linea d'arrivo, dove si è rivolto al pubblico aprendo le braccia:, come a dire: con queste condizioni atmosferiche non potevo fare di più.

«Sono soddisfatto, in queste condizioni non potevo fare di più – ha ripetuto in conferenza stampa –, la pista era scivolosa e in qualche appoggio ho sentito il piede scivolare prima che il chiodo si ancorasse alla gomma della pista. È una buona partenza che mi lancia verso tempi decisamente migliori. Prima di correre a Parigi torno a Kingston a lavorare un po'. 19''86 dice che sono in buona forma, che so cosa faccio di giusto e di sbagliato: la curva non è stata perfetta, per esempio, ma sul rettilineo ho recuperato concentrazione».

Parigi, 8 luglio. Di nuovo ai blocchi dei 200 metri, con la febbre, ma 300.000 dollari hanno il loro peso. Davanti ai 49.174 spettatori dello Stade de France (record di presenze per un meeting in Francia) chiude in 20''03, dopo un ritardo di 15 minuti per un problema al cronometraggio dell'Omega. Mediocre, mediocre davvero. Che gli sta succedendo?

Una partenza finalmente senza esitazioni gli ha permesso di uscire dalla curva in vantaggio su Christopher Lemaitre, che solo nel finale ha recuperato qualcosa al giamaicano, chiudendo in 20''21, lui che sognava di correre la distanza in meno di venti netti.

Di nuovo, negli ultimi metri, Bolt ha dato l'impressione di non spingere fino in fondo.

Quello che è apparso chiaro è che a differenza di quanto può accadere sui 100 piani, nei 200 metri Bolt è senza avversari. Succedeva anche a me, questo è comunque qualcosa di grande.

Chi nutriva speranze su un clamoroso successo dell'idolo di casa sul re della velocità si è dovuto rassegnare: il divario è risultato ancora netto a favore di Bolt. Il francese, vista la giovane età (21 anni), è apparso ancora lontano dal completare la maturazione fisica-metodologica. Va bene. Ma quando il gioco si farà davvero duro?

«L'obiettivo della mia carriera sportiva è diventare una leggenda. Devo correre indipendentemente dagli avversari, vincere e soprattutto difendere i miei record».

Così parla Bolt e sembra crederci sul serio.

Montecarlo, 11 luglio. 100 metri. Replica della paura di Roma. In tribuna anche il principe Alberto e la sua giovane consorte, l'ex nuotatrice sudafricana Charlene Wittstock.

Col peggior tempo di reazione (0,180), Bolt si è ritrovato da subito a inseguire il suo connazionale Nesta Carter fino agli ultimi 20 metri, quando è riuscito a prendere un leggero vantaggio: 9''88 (miglior risultato della stagione), contro il 9''90 di Carter, il 9''96 di Rodgers e il 10''01 di Frater (Giamaica).

La nuova leva dello sprint europeo, Christophe Lemaitre, è giunto quinto con il tempo di 10''03: la tensione evidentemente si è fatta sentire. A favore dell'atleta francese gioca un fattore importante, la sua giovane età: è naturale che a 21 anni manchi ancora di esperienza e di una preparazione che consoliderà negli anni. Anche se il verdetto della pista è, ancora una volta, chiaro e spietato. Non sarà mai un «membro del club».

Lo stato d'animo del campione emerge bene dal botta e risposta con i giornalisti nella conferenza stampa del dopo gara, riportato da Fausto Narducci, giornalista de «La Gazzetta dello Sport».

Allora Usain, può ammettere che si aspettava di più dalla sua terza uscita stagionale sui 100?

No, vi dico onestamente che sono fiero di me stesso. Ho vinto, con 9''88 ho stabilito il mio stagionale e sono riuscito a respingere l'assalto del mio connazionale Nesta Carter, uno degli avversari più difficili in circolazione. Uno che conosco bene e che anche in allenamento fa sfracelli. Dopo quella brutta partenza non è stato facile per me batterlo.

Allora diciamo che il pubblico, mai così numeroso allo Stade Louis II con il suo tutto esaurito, si aspettava di più?

Il fatto è che tutti vi aspettate sempre troppo. Ma dopo gli infortuni io so che non posso fare molto meglio di così. Ho cominciato tardi, ho fatto lavori specifici e, soprattutto, questa non è la stagione olimpica: è un anno di transizione in cui devo costruire in vista di Londra 2012, che è il mio grande obiettivo.

Però 9''88 con un metro di vento a favore equivale al 9''91 di Ostrava controvento. A un mese dai Mondiali, i progressi sono minimi...

Ragazzi, correre in 9''58 non è un gioco. Io mi diverto sempre a gareggiare, ma per questa stagione l'obiettivo, torno a ripeterlo, è scendere sotto i 9''70: un tempo fra 9''6 e 9''7 penso possa essere nelle mie possibilità.

Però dovrà mettere a posto la partenza, alla luce di quello che si è visto qui a Montecarlo.

È lì che mi arrabbio, quando vedo che fallisco in una cosa che invece in allenamento va molto meglio. Ma ora sono ancora più consapevole che col mio coach devo concentrarmi sulla partenza e sui primi 40 metri di gara. Per gli altri 60 penso di essere quasi al 100 per cento.

Infatti sui 200 le cose vanno meglio. Su questa distanza ha già corso in 19''86 e la rivedremo per la terza gara stagionale venerdì a Stoccolma.

Nei 200 va tutto molto meglio, mi sento tranquillo. Nei 100 ho bisogno di correggere alcuni particolari tecnici. Ora tornerò a Londra e per una settimana lavorerò soprattutto sulla partenza insieme al mio allenatore.

Così parlò il nostro a botta calda e aveva le sue ragioni, ma... la partenza, già!

La partenza dei 100 metri.

Quasi un'ossessione nei pensieri del campione, a metà del guado del 2011, nella difficile stagione del rientro dai guai fisici.

«Lavorerò soprattutto sulla partenza» col senno di poi è un'intuizione decisiva: qualcosa si stava inceppando nel rapporto tra l'Arciere e il colpo di pistola, in quella gara maledettamente corta che sono i 100 metri, dove tutti allo sparo sembravano voler scappare da lui. E prenderli appariva ogni volta sempre più faticoso.

Stoccolma, 29 luglio. Ultima gara prima di Daegu (Corea), Campionati mondiali: 200 metri vinti in 20''03, senza avversari del suo rango. Secondo si è classificato il panamense Edward con 20''47 e terzo il giamaicano Waugh con 20''56.

La fase di avvio è stata interpretata con diligenza da Bolt, ma nel rettilineo la sua azione di corsa non ha sprigionato la solita potenza ed è mancata di fluidità e spinta.

La condizione è apparsa lontana dal passato, ma a Deagu si presenterà da imbattuto sia sui 100 metri (ma con il sesto tempo dell'anno, 9''88) che sui 200 (in questo caso, invece, con il miglior risultato cronometrico di stagione: 19''86). Qui abbiamo, insieme, una conferma e un campanello d'allarme. A certi livelli, guai, se tutto non fila liscio come l'olio!

5

L'attimo che sfugge

Uno sprinter non può mai portarsi in pista pensieri pesanti. Il bagaglio a mano ammesso nel cervello, per decollare bene dopo il via, prevede al massimo di ricordarsi del sogno e di un po' di quella rabbia che ha consentito di superare la fatica degli allenamenti. Il resto, quel resto che si chiama vita, è tutto carico in più e tenerlo dentro in gara rischia di trasformarsi in uno zaino da trascinare, come dover correre con il freno a mano tirato.

Qualche pensiero pesante si dev'essere rimesso clandestino nella testa di Bolt, proprio nel momento in cui l'ha svuotata liberandola dalla vita per schierarsi come si conviene dietro i blocchi di partenza della finale dei 100 metri dei Campionati mondiali di Daegu.

Quante cose corrono nella nostra mente? Fermarle o anche solo metterle in fila è il più delle volte impossibile.

Dietro quella linea, da cui le corsie prendono vita per andare ad avvolgere la pista, convergono, in un unico punto di fusione, energie nervose enormi.

C'era l'attesa dell'opinione pubblica: in quei Mondiali, se Bolt avesse centrato un'altra doppietta su 100 e 200 metri, davvero sarebbe entrato nella leggenda. Questa era la posta in gioco e ritengo potesse farcela, perché i suoi avversari, anche al massimo della condizione, non sarebbero stati all'altezza di un Bolt in condizioni precarie. L'unico che stava facendo grandi progressi era il suo compagno di allenamento: Yohan Blake.

C'erano caselle vuote di antagonisti eccellenti: le assenze di Tyson Gay (infortunato), Steve Mullings e Mike Rodgers (risultati positivi a test antidoping) prima, e quella di Powell (infortunato) da ultimo: i quattro atleti più veloci della stagione.

«Testa di serie numero uno» era diventato Richard Thompson (Trinidad), che 15 giorni prima dell'inizio dei Mondiali, a Port of Spain, aveva corso in 9''85. Alle sue spalle, nella lista stagionale, tra i presenti ai Mondiali comparivano Frater e Bolt, capaci entrambi di 9''88, con il francese Lemaitre subito dietro, fresco di un primato personale di 9''92.

Tre centesimi persi lungo una mezza stagione: questa era la comoda prospettiva che si presentava a un Bolt in fase crescente (faticosa, ma crescente) di condizione. Una sfida meno difficile del solito. Uno di quei casi in cui, con espressione impropria da un punto di vista grammaticale, si è soliti dire: «La può perdere solo lui». Ormai fuori dalle gare Gay e Powell, cioè gli unici che negli ultimi tre anni e tre mesi (30 maggio 2010, giorno del primo record di Usain sui 100 metri a New York) erano riusciti a batterlo, si riduceva all'osso la possibilità che qualcuno potesse impensierirlo. Ma a fare impensierire Bolt c'era probabilmente un'ombra più scomoda di qualsiasi avversario: quella del se stesso di Pechino e Berlino. Sono i fantasmi più pericolosi: «Sono ormai una leggenda. Riuscirò a non ripetermi? Troverò la forza e la concentrazione necessarie? Sono solo, ormai, davanti alla storia e agli allori di Olimpia. Reggerò, in questa prospettiva?».

Era quello il Bolt che il pubblico attendeva, e i media con esso.

Col senno di poi, le interviste della vigilia rivelano nelle risposte del campione l'inquietudine per la pressione. In occasione del suo venticinquesimo compleanno e nella presentazione delle nuove scarpe chiodate da utilizzare nell'appuntamento iridato, aveva dichiarato: «Se nella gara dei 100 metri avrò una partenza decente, non ci saranno problemi. Penso che vincerò facilmente, non credo che qualcuno possa battermi».

Mai parole si riveleranno più pesanti, fatidiche verrebbe da dire.

«Non credo che ci saranno nuovi primati da parte mia, difendere i miei titoli è tutto ciò che voglio. Molta gente si aspetta che io faccia un bel tempo, ma io credo che sui 100 metri un risultato di 9"70 sarà già sufficiente per vincere la gara. I problemi fisici che ho avuto mi hanno condizionato e nell'avvio di questa stagione non ho potuto spingere, perché dovevo ricominciare gradualmente. È stato come ripartire da zero e questo vale soprattutto per gli allenamenti sulla partenza».

Il fuoco di domande alla conferenza stampa di arrivo nella città dei Mondiali ha fatto capire che quella tredicesima edizione iridata non sarebbe stata una passeggiata per lui.

È sotto pressione?

La gente si aspetta sempre molto da me. Il più è rimanere concentrati.

Rispetto a due anni fa sembra volare basso: è solo un'impressione?

Ho lavorato duro, ma non sono al massimo. E la concorrenza, quindi, potrà essere pericolosa.

Tyson Gay dice che lei resta l'uomo da battere, fosse anche solo per il pedigree.

Sa di cosa parla, me lo sono messo dietro due volte.

In che condizione è?

Fisicamente sono a posto, tecnicamente non al 100 per cento.

Alcuni giorni fa l'hanno vista con del ghiaccio su un tendine.

È prassi, meglio prevenire che curare.

Ripete spesso che vuol diventare una leggenda, quando si considererà tale?

Molti hanno vinto, tanti hanno fatto record. Lo diverrò se bisserò a Daegu la doppietta mondiale e a Londra quella olimpica.

Ma il tarlo lavorava dentro e quando lavora sul serio ci puoi fare poco. Devi solo cercare di isolarlo, oggettivarlo e tentare di conviverci. La coabitazione è per forza scomoda ma inevitabile.

C'era infine, in quell'attesa che si gonfiava come un pallone, la sensazione di una leggera discesa per una qualificazione più facile del solito. Per arrivare a rispondere «presente» alla chiamata d'appello della finale, i big della velocità avevano dovuto fare meno fatica che in altre analoghe occasioni. In quella edizione dei Mondiali, nei 100 metri, per gli atleti in possesso dei minimi di partecipazione di livello A e B erano previsti tre turni: quarti di finale come primo impegno, semifinale e poi finale. Una fatica in meno per quelli come Bolt, rispetto ai soliti quattro turni.

Questo perché nel primo ingresso in pista, le vere e proprie «batterie», si erano cimentati solo quei 34 atleti che non avevano ottenuto i minimi, ma che potevano gareggiare in base alla regola che consente a tutte le Nazioni partecipanti di schierare almeno un uomo e una donna in una specialità, a prescindere dalla prestazione cronometrica conseguita.

Nella gara dei 200 metri, invece, già da anni il regolamento prevede di disputare solo tre turni per tutti. «Era la pace dei sensi, almeno quella. Maledetti 100, la gara più veloce e nervosa del mondo, senza appello. Li avrei a questo punto evitati, avessi potuto. Ma per la gente sei un dio solo se riesci a bissare...». Così ragionava Usain e ragionava bene. A questo punto, che alternative reali aveva?

100 metri, la finale

Per ciò che Bolt aveva fatto vedere in batteria (10''10) e in semifinale (10''05) era facile pronosticargli la vittoria, ma a Daegu è accaduto l'imponderabile: il numero uno mondiale della velocità è stato escluso per una falsa partenza. Il responso è stato impietoso: ha anticipato lo sparo di 104 millesimi di secondo.

Si tratta di un dato che va guardato attentamente: 104 millesimi di secondo è il tempo intercorso tra la messa in moto di Bolt e lo sparo dello starter. 100 millesimi è il tempo minimo ammesso per la reazione allo sparo. Il regolamento Iaaf prevede che in presenza di un tempo di reazione inferiore ai 100 millesimi venga assegnata la falsa partenza, perché non è possibile per un umano reagire in meno di un decimo di secondo. E questo vale anche per un «uomo ai limiti dell'umano», come Usain.

Quando lo hanno squalificato, si è lasciato andare a gesti di disperazione togliendosi la canottiera e imprecando. Qualcuno ha dovuto consolarlo, perché mancava poco che l'atleta si mettesse a piangere, per la rabbia e la delusione.

«Vi aspettate delle lacrime? Non le vedrete! Sto bene».

«Non ho niente da dire».

È salito su un'auto che lo ha portato al villaggio atleti, dove si è rinchiuso nella sua stanza, immerso nei pensieri. Ecco, non sei un semidio, sei umano, Usain, ricordalo. La finale dei 100 metri senza Bolt è stata vinta dal giovane compagno di allenamento del giamaicano, Yohan Blake, con 9''92 (vento – 1,4), davanti allo statunitense Dix (10''08). Terzo, davvero sorprendente, il vecchio Kim Collins della microscopica isola di Saint Kitts, che sembra tornato l'atleta che vinse la finale mondiale a Parigi 2003: 10''09 a 36 anni! A completare la finale orfana di Bolt va ricordato il quarto posto di Lemaitre (10''19), il quinto di Bailey (10''26), il sesto del giovane francese Vicault (10''27) e il settimo del giamaicano Carter (10''95).

In questa finale hanno partecipato quattro caraibici, due francesi e un americano, ma è stata una finale lenta e un po' povera senza il suo re indiscusso. La peggiore finale proprio da quella Parigi 2003 appena ricordata. Tutti e sette gli sprinter sono rimasti scioccati. Nessuno credeva che l'uomo più forte fosse stato estromesso dalla finale e ciò apriva le porte a una prospettiva che tutti e sette, nel segreto del proprio training autogeno pre-gara, avevano ormai accantonato: la possibilità di vincere. Solo senza il re.

In finale il giovane vincitore giamaicano è stato l'unico a scendere sotto i 10 secondi.

Con il mitico «muro» come riferimento, possiamo dire che quella di Daegu è stata la finale dei 100 metri più lenta delle ultime edizioni dei Mondiali.

Subito dopo la gara, è stato il suo manager, Ricky Simms, a far conoscere pubblicamente lo stato d'animo di Bolt: «Voglio congratularmi col mio compagno di squadra Yohan Blake e con gli altri atleti che hanno vinto medaglie. Ovviamente sono molto deluso per non aver avuto la possibilità di difendere il titolo a causa della falsa partenza. Nei turni precedenti mi ero sentito bene ed ero pronto a correre veloce in finale. Ho lavorato duro e le cose sembravano andare per il meglio. Ora devo pensare ad altro, non serve rimuginare sul passato. Ho alcuni giorni per ritrovare la concentrazione e prepararmi per i 200 metri di venerdì. Dopo ci sarà la 4x100 e alcune altre gare per chiudere la stagione. Sono in condizione e mi concentrerò per correre bene i 200. Ringrazio tutti coloro che mi hanno inviato messaggi di sostegno: farò del mio meglio per renderli orgogliosi di me nella prossima gara».

L'opinione del «Don»

Dopo la brutta vicenda della falsa partenza, l'opinione pubblica aveva fame di notizie sulla condizione reale di Bolt e alla vigilia dei 200 metri alcuni giornalisti hanno intervistato il mito degli anni Settanta della velocità giamaicana, Donald «Don» Quarrie. «Il mio pronostico per i 200? Primo Bolt, secondo Dix e terzo Lemaitre, che però dovrà battersela con il giamaicano Ashmeade».

Quarrie è stato il primo atleta giamaicano a vincere la medaglia d'oro sui 200 metri alle Olimpiadi di Montreal 1976. In quella edizione vinse anche l'argento nei 100 metri. «Quelli erano altri tempi: c'erano Mennea, Borzov e qualche americano. La concorrenza era più raccolta e alle Olimpiadi si correva praticamente ogni giorno: c'erano quattro turni nei 100 e altrettanti nei 200. Se poi si era iscritti pure nella staffetta....».

E oggi è più facile?

«Ora hanno ridotto i turni a tre per gara. E tra 100 e 200 metri ci sono quattro giorni di pausa e non uno. Si recupera meglio. Questo ovviamente porta a un miglioramento della qualità, ma il panorama è cambiato. Non è più compatto come una volta. In ogni parte del mondo può sbucare la sorpresa che non ti aspetti. Diciamo però che le due situazioni da questo punto di vista si equivalgono». Così parlava un principe, uno che di esperienza ne aveva tanta.

La novità per la Giamaica nel 2011 non è stata solo Blake. Sotto i riflettori è finito anche Nickel Ashmeade, che con 19''95 a 21 anni poteva vantare la seconda miglior prestazione mondiale

2011 dietro Bolt. «È giovane e di valore. Mi ha sorpreso però non poco con i suoi tempi. Qui non ha corso i 100, ma anche su questa distanza si è migliorato molto scendendo per la prima volta sotto i 10'' con 9''96. Finora però non è stato consistente con i risultati e non so come se la caverà nei turni».

E Bolt, secondo lei, che gara farà?

«Io non gli ho parlato dopo i 100. Ma so come mi comporterei se fosse capitato a me. Cercherei di razionalizzare l'errore commesso, ma, poi, non ci penserei più e mi concentrerei sui 200. È chiaro che in questa situazione uno come lui cercherà di farsi perdonare la debolezza offrendo al mondo un grande spettacolo».

Bolt ha spiegato l'errore della falsa partenza sui 100 metri subito dopo la finale dei 200 metri, quando ha dichiarato: «Dall'inizio della stagione ho lavorato molto sulla partenza. In semifinale ero stato perfetto sia allo sparo sia nei primi appoggi. E questo mi ha rovinato. Mi sentivo così bene, che prima della finale mi sono ritrovato in uno stato di euforia agonistica. Ero come posseduto da una grande eccitazione che mi faceva desiderare di liberare al più presto la mia voglia di andare fortissimo. Continuavo a ripetermi: "vai, vai, vai!". Con questo spirito mi sono sistemato sui blocchi. Quando lo starter ha detto pronti, io sono partito. È stato soltanto un mio errore ed è diventato una lezione per me». C'è chi ha criticato la regola della partenza, dopo la mia squalifica. Non sono d'accordo. Sono io ad aver sbagliato, non la regola». Eccesso di confidenza, diremmo noi.

«Per mesi ho lavorato sull'avvio, Mills e il suo aiuto Bailey mi dicevano di stare attento, di non precedere lo sparo e io l'ho fatto. Colpa dell'ansia e della voglia di fare bene che avevo dentro. Ma, fuori io, sono contento che il titolo sia andato a Blake. È un ragazzo straordinario, innamorato dell'atletica e che lavora più duramente di me. Io a volte non vado al massimo per paura di danneggiare il mio corpo, Yohan invece va sempre più forte che può e con un'applicazione assoluta. L'esperienza di questo Mondiale dei 100 metri mi ha insegnato che devo andare in pista più calmo».

Troppa euforia e fiducia in se stesso. Cose necessarie, ma da tenere, sempre, sotto stretto controllo. E tenere anche, aggiungo di mio, la mente sgombra da tutto il fardello di impegni che producono denaro, che ti accompagnano fino all'ingresso in pista e ti tornano addosso appena dopo il traguardo. L'obiettivo di uno sprinter è solo un attimo, un attimo che può sfuggire con grande facilità. Non mi stancherò mai di ripeterlo, fino alla nausea. Un attimo, che ti separa dal comparire nella leggenda, un attimo solo.

In chiave Londra 2012, questo è il grande vantaggio di Blake su Bolt: fuori dalla pista il suo unico impegno è l'allenamento. Da questo punto di vista è opportuno che Usain non viva la finale mancata dei Mondiali 2011 come un mero incidente di percorso, ma la faccia funzionare come un campanello d'allarme. Allarme rosso. Sei umano, Usain, tutti vogliono qualcosa da te. Hai, avrai addosso pressioni enormi. Tieni la testa sgombra.

I cultori delle discipline orientali, a questo punto, suggerirebbero l'adozione del mantra del Samurai.

1. Non ho genitori: i miei genitori sono il cielo e la terra
2. Non ho poteri divini: il mio potere è la lealtà
3. Non ho mezzi: i miei mezzi sono l'obbedienza
4. Non ho potere magico: la mia magia è la forza interna
5. Non ho né vita né morte: l'eterno sono la mia vita e la mia morte
6. Non ho corpo: il mio corpo è la mia forza
7. Non ho occhi: i miei occhi sono la luce del lampo
8. Non ho orecchie: le mie orecchie sono la sensibilità
9. Non ho membra: le mie membra sono la prontezza
10. Non ho progetti: i miei progetti sono l'occasione

11. Non ho miracoli: i miei miracoli sono il dharma
12. Non ho principi: i miei principi sono l'adattabilità a tutte le cose
13. Non ho amici: i miei amici sono la mia mente
14. Non ho nemici: i miei nemici sono l'imprudenza
15. Non ho corazza: la mia corazza sono la buona volontà e rettitudine
16. Non ho castello: il mio castello è la mia mente irremovibile
17. Non ho spada: la mia spada è il sonno della mia mente

... che in fondo, più prosaicamente, non è nient'altro che la vita alla Mennea: lavoro, riposo-recupero, concentrazione, sopportazione della fatica, della paura, della solitudine, delle facili critiche dei falsi sapienti. Senza saperlo ero anch'io un samurai!

Illazioni su una falsa partenza

Da un punto di vista mediatico, per i Mondiali di Daegu non è possibile pensare a qualcosa di più utile della squalifica di Bolt. Dibattito, dietrologia e inevitabilmente numerose sciocchezze. Ecco le più ricorrenti:

- gli è capitata la falsa partenza perché è un «buffone», che prima di una gara fa troppe sceneggiate per catturare l'attenzione delle telecamere;

- ha fatto apposta la falsa partenza per evitare la sconfitta;

- ha fatto la falsa partenza per evitare l'esame antidoping (vale la pena ricordare che il 12 agosto, la Iaaf, con una iniziativa «senza precedenti», aveva reso noto che tutti i partecipanti ai campionati mondiali di Daegu sarebbero stati sottoposti a test sul sangue. I controlli ematici si sarebbero aggiunti a quelli già previsti, circa

500, sulle urine e sarebbero serviti a incrementare le banche dati per i passaporti biologici adottati nel 2010);

- i bookmaker hanno accettato scommesse ad alto rischio sulla sua sconfitta da Blake e temevano di pagare cifre enormi, così è stato convinto a uscire di scena per evitare loro la bancarotta;
- sulle conseguenze della falsa partenza Bolt perderà molti soldi, perché gli sponsor rivedranno i loro contratti e ai meeting non riceverà più la solita cifra;
- ha fatto vincere il suo amico di allenamento per aiutarlo a diventare famoso.

Molti dimenticano che le strade che portano al grande risultato sono spesso strette, solitarie, in salita. Spesso capita di incorrere in errori. Sono percorsi che possono intraprendere solo le persone sorrette da un coraggio speciale, in certe occasioni direi sovrumano. Alle volte, in ciò che facciamo, lo sbaglio è, per così dire, indispensabile, perché ci aiuta a migliorare. L'errore quindi è da valutare positivamente. Non solo: è da considerarsi fisiologico. Anzi, molti sostengono, vedi Steve Jobs, che solo dall'errore creativo, ma geniale ed esperienziale, può nascere la grande performance.

Non è nient'altro che esperienza e l'esperienza non è null'altro che la somma dei nostri errori. Ma questo vale solo in apparenza. Chi è in grado di valutare il lavorio psico-evolutivo, quello che Freud chiama meta «in profondità»? Quello è incessante e spesso, ve lo dico per esperienza, è quello determinante. A Bolt, anche se gli ha fatto perdere una medaglia d'oro in un Campionato mondiale, quell'errore può ritornare utile nel proseguimento della carriera sportiva, a patto che sappia studiarlo, esaminarlo, ripensarlo. Lo deve macerare, interiorizzare, farlo suo.

Visto il risultato cronometrico (9''82) realizzato da Blake, Bolt avrebbe con ogni probabilità vinto anche i 100 metri di Daegu. Perché avrebbe dovuto rinunciare ai dollari messi in palio per chi vince la gara individuale? E perché avrebbe dovuto rinunciare alla medaglia d'oro che avrebbe arricchito il suo palmarès di trofei?

Chi ha praticato lo sport ad altissimi livelli, può sapere cosa vale un oro così prestigioso in una rassegna iridata o in una Olimpiade. Quel «prestigioso oro» alle volte non ha prezzo.

Questa vicenda, ha mostrato come il giamaicano sia riuscito, anche attraverso un suo errore, ad attirare su di sé l'attenzione dei media e dell'opinione pubblica.

Nello stesso pomeriggio di quella finale erano stati squalificati per falsa partenza anche l'inglese Chambers (semifinale dei 100 metri) e l'irlandese Cuddihy (semifinale dei 400 metri femminili). Chi se n'era accorto? Di questi casi non ne ha parlato nessuno, come se non si fossero verificati. Inoltre, in quei giorni si è parlato poco dell'impresa di Blake, diventato campione mondiale dei 100 metri, ma moltissimo della falsa partenza di Bolt che non avevamo mai visto commettere quell'errore in una finale importante.

La mia sulla falsa di Bolt

Anch'io, nella mia lunga carriera sportiva ho vissuto l'esperienza della falsa partenza: mi è capitato in un contesto meno importante di un Mondiale, ma sempre rilevante dal punto di vista agonistico. Avevo diciassette anni quando vinsi una selezione a Viareggio che mi fece guadagnare la maglia azzurra: venni iscritto sui 100 metri, a Lugano, in un incontro internazionale: Italia (formazione B) contro Svizzera. In quel 1969 gareggiavo nella categoria «allievi» (16-17 anni) e battendo gli altri velocisti mi ero guadagnato il diritto di indossare la maglia azzurra nella categoria cosiddetta «assoluta» (seniores), fatto insolito per un allievo.

All'epoca vigeva la regola per cui un atleta che commetteva

due false partenze era fuori dalla gara. Fu l'errore in cui incorsi in quei 100 metri: purtroppo feci due false partenze e venni estromesso. La reazione a quell'episodio fu apparentemente strana e inverosimile: mi sentivo devastato dentro.

Anche se negativa, quell'esperienza mi è servita: in circa vent'anni di corse, durante i quali ho partecipato a 530 gare (tra quelle individuali e a staffetta), non sono mai più incappato in una falsa partenza e non sono stato più espulso da una gara di velocità.

Ma l'episodio della falsa partenza di Bolt mi ha portato a ricordare un altro momento della mia carriera sportiva, quando partecipai alla mia prima Olimpiade, a Monaco di Baviera, nel 1972. La velocità viveva allora sulla sfida tra gli statunitensi e il russo Valery Borzov, il più forte di quell'inizio di anni Settanta.

Al Villaggio olimpico ci raggiunse l'eco della polemica che gli statunitensi avevano scatenato contro Borzov colpevole, a loro dire, di partenze troppo «indovinate» per essere regolari.

Indovinare una partenza è un espediente che i velocisti navigati usano. Consiste nello sfidare la sorte cercando di scattare dai blocchi nel momento stesso in cui lo starter aziona la pistola. È un po' come il tennista che batte forte anche la seconda palla: un rischio in più.

Come ricordato, a differenza di quanto accade oggi, nella mia epoca ogni concorrente aveva «diritto» a una falsa partenza, nel senso che solo alla seconda, personale falsa partenza veniva squalificato, non prima.

Qualcuno ci provava, soprattutto lontano dai grandi appuntamenti, nelle gare in cui si doveva solo cercare di ottenere il miglior tempo possibile. In genere si aveva cura di seguire il lavoro dello starter quando questi dava il via alle corse precedenti. Ogni ufficiale di partenza ha un proprio stile, che si traduce in un differente intervallo tra il comando che precede il via, quello che in Italia si formula con «pronti» e lo sparo. C'è il giudice un po' insicuro, magari perché giovane, che ha paura delle «vecchie volpi» che cercano, appunto, di indovinare la partenza. Quel giudice avrà un intervallo stretto tra il «pronti» e lo sparo. E c'è invece, più spesso, il giudice esperto, che col tempo è magari diventato anche un po' sadico e tiene a lungo gli atleti sollevati sul «pronti» proprio per stanare i furbi che hanno la partenza «in canna», pronta per essere sparata.

In questo caso era l'atleta esperto che si rialzava, sollevava con pieno diritto la mano per fermare le operazioni, costringendo il giudice a chiamare «al tempo», rimandare tutti dietro i blocchi di partenza e rifare la procedura dall'inizio. Al lettore che ha avuto la pazienza di arrivare in fondo a questa spiegazione, aggiungo solo due considerazioni. Che nel periodo in cui correvo io, le false partenze a Olimpiadi, Mondiali o Europei erano un fenomeno pressoché sconosciuto. Rivedere i filmati per credere. L'attuale stillicidio di «false» con spettacolino dello squalificato non apparteneva alla mentalità dell'atleta di punta. Premesso questo, Borzov era un mago anche in partenza, grazie alla reattività di cui disponeva e all'altissimo livello di concentrazione che rapidamente riusciva a raggiungere, con tutte le «antenne» pronte a cogliere il segnale sonoro del via. La polemica bersagliava il fuoriclasse sovietico, ma in realtà voleva investire l'atletica europea. Era tutto uno spernacchiare polemico, ma era tutto a vuoto.

Sul banco degli imputati c'erano i sistemi di rilevamento dei tempi e quelli messi a punto proprio per il controllo delle partenze. Monaco di Baviera, da questo punto di vista, avrebbe segnato un passo importante sulla strada della tecnologia applicata allo sport: entrò in funzione per la prima volta un'apparecchiatura denominata *startkontrolle*, che per ogni reazione allo sparo inferiore ai dieci centesimi faceva accendere una luce sul blocco di partenza del «colpevole», decretandone la «falsa». Tutto questo era stato collaudato negli appuntamenti che avevano preceduto i Giochi. Tutto questo, alla vigilia dei Giochi, veniva messo in dubbio dagli americani: se davvero questa strumentazione è così prodigiosa, era il ragionamento, perché non vengono rilevate le false partenze di Borzov, che un attimo dopo lo sparo è già due metri davanti agli altri? In realtà, gli americani mi parvero impegnati soprattutto a mettere le mani avanti. Erano usciti dai Giochi di Città del Messico con risultati da leggenda, fatti da campioni da leggenda.

Hines, Green, Pender, Smith, Carlos: 100, 200 e staffetta veloce, una dittatura dell'eccellenza. Evans, Matthews, James, Freeman: 400 e staffetta sul miglio, idem. Poi Davenport, ostacoli alti. Beamon, Fosbury, Seagren, i salti. Matson e Oerter, i lanci. Toomey, decathlon. Quattro anni dopo stava per arrivare in Baviera una squadra modesta e stanca, opposta a un'Europa che stava rialzando la testa. Nella velocità, in particolare, gli Stati Uniti stavano entrando in una crisi profonda, dalla quale sarebbero riemersi in modo definitivo solo con Carl Lewis e la sua generazione. Difficile ripetersi, difficile fare bella figura. Cosa ci si poteva inventare di meglio, allora, di una bella polemica internazionale preventiva?

Senza la falsa partenza di Bolt, forse nessuno avrebbe riflettuto e preso in considerazione la nuova regola imposta dalla Iaaf, che non concede attenuanti. La squalifica dell'atleta più rappresentativo di questo sport ha fornito lo spunto all'opinione pubblica e ai media per aprire un forte dibattito su questa norma. Molti si sono chiesti se tale regola vada rivista oppure lasciata così com'è.

La Federatletica internazionale l'ha modificata una prima volta in occasione del 43° Congresso, il 1° agosto 2001, quando i delegati, a Edmonton, avevano approvato questo testo: «Viene consentita una sola falsa partenza per ogni gara, compresi i 400 metri. Nessun atleta può essere immediatamente squalificato».

Questa norma è entrata in vigore il 1° gennaio 2003 e ha sostituito la vecchia, in base alla quale ogni atleta veniva squalificato quando si rendeva responsabile di due false partenze. Capitò, per quanto stupefacente possa sembrare, a un atleta dell'esperienza di Linford Christie nella finale dei 100 metri ai Giochi olimpici di Atlanta 1996.

Il 22 agosto 2009, al 47° Congresso Iaaf, a Berlino – l'assemblea dell'organo mondiale dell'atletica che apre sempre la rassegna iridata –, i delegati avevano deciso di variare ancora, stabilendo che «con l'eccezione delle prove multiple, ogni atleta responsabile di una falsa partenza sarebbe stato squalificato immediatamente». Questa nuova norma venne approvata con 97 voti a favore e 55 contrari ed è entrata in vigore il 1° gennaio 2010 (regola 162.7). Una norma veramente inaccettabile, secondo me. Venne applicata per eliminare tutti i tempi morti che si verificano in una gara, andando così incontro alle esigenze delle emittenti televisive che per acquisire i diritti di trasmissione di questi eventi (come i Campionati mondiali e le Olimpiadi) pagano somme da capogiro.

Nel caso della finale dei 100 metri di Daegu, la regola ha però prodotto più danno che vantaggi al lavoro delle televisioni, perché è venuto a mancare proprio l'atleta simbolo di questo evento e gli indici di ascolto sono precipitati vertiginosamente.

Durante le gare di questi Mondiali si è svolto un consiglio Iaaf al termine del quale il presidente, Lamine Diack, ha dichiarato che: «La regola tanto discussa relativa alla falsa partenza, prima dei Giochi olimpici di Londra 2012 non verrà cambiata». Contenti loro…

Negli ambienti della Iaaf ha però cominciato a circolare la notizia che in futuro, non si sa quando, potrebbe essere introdotta una clamorosa novità: la partenza a handicap di chi effettua una falsa partenza, cioè un metro per ogni cento di corsa (4 metri nei 400 metri).

Ricorda un po' quello che si vede attualmente nel Motomondiale, dove il pilota è obbligato a prendere il via dal box se in griglia di partenza gli si è spento il motore. Nulla di nuovo: con questa iniziativa (ormai vecchia di decenni) la Iaaf andrebbe a rispolverare una norma degli inizi del Novecento, quando in Inghilterra le corse a handicap erano un'abitudine tra i corridori professionisti. Ancora oggi in Australia si svolge questo tipo di gare, un po' su tutte le distanze.

A tal proposito, l'ex primatista mondiale dei 110 ostacoli, Colin Jackson, che in varie circostanze ha partecipato a queste competizioni ha dichiarato: «Non toglierebbe nulla allo spettacolo, anzi renderebbe più incerto il risultato. L'atletica però è fatta di regole ben precise e così si rischia di stravolgere la natura stessa di questo sport».

L'organizzatore del meeting di Rieti, Sandro Giovannelli, storico dirigente dell'atletica italiana e attualmente consulente del presidente della Iaaf, Lamine Diack, ha invece sostenuto che «Ci vorranno anni prima che possa essere applicata ai Mondiali e alle Olimpiadi. Intanto si potrebbe iniziare con la sperimentazione ai meeting della Diamond League». L'atletica rischierebbe di tornare indietro di molti anni se dovesse essere nuovamente introdotta questa norma. Cosa accadrebbe in fase di partenza quando, in caso di «falsa», chi l'ha commessa dovesse spostare i blocchi per partire un metro indietro? Si riproporrebbero quei tempi morti che lo spettacolo televisivo con il passare degli anni ha cercato sempre più di eliminare. Ancora: c'è chi ha fatto presente che partire un metro dopo può anche essere un vantaggio, perché si utilizzerebbero gli avversari come punto di riferimento. Delle vere e proprie «lepri», come accade nei meeting per le prove di mezzofondo o nella maratona con i pacemaker. Tutto ciò mostra come il mondo dell'atletica, che si sta evolvendo a velocità vertiginosa, sia in uno stato confusionale e non sia capace di decidere per il meglio quando si verificano queste situazioni.

Una regola sul banco degli imputati

«Se mai capiterà che Usain Bolt venga squalificato per una falsa partenza, i risultati di quella gara rimarranno negli annali con a fianco un asterisco». Parole profetiche, verrebbe da dire, in considerazione del fatto che sono state pronunciate nel giugno 2010 e che l'autore è l'acerrimo rivale di Bolt, Tyson Gay. L'americano, il più danneggiato, in chiave storica, dall'esplodere del fenomeno giamaicano, ha predetto quello che poi si è verificato a Daegu.

Con l'episodio accaduto a Usain, la nuova regola sulla falsa partenza ha mostrato tutti i suoi limiti. Si capisce come mai non sia stata approvata all'unanimità, come capita fin troppo spesso in quel consesso, ma con 97 voti a favore e 55 contrari. Sono stati molti i personaggi legati al mondo dell'atletica ad esprimersi in merito:

Kim Collins (ex campione del mondo dei 100 metri e medaglia di bronzo a Daegu): «Bisogna tornare al passato, quando la prima partenza veniva abbonata a prescindere da chi l'avesse commessa [...]. Dico la verità: quando ho capito che a fare la falsa partenza era stato Bolt, per un attimo ho pensato che lo avrebbero salvato, avrebbero detto che c'era uno sbaglio dello starter o il cattivo funzionamento di qualche attrezzatura tecnologica. Era il campione olimpico e mondiale, e tutti qui volevano vederlo. Questa è una serata triste per l'atletica». Erano tutti lì solo per lui. E a dirlo è un suo avversario tra i più agguerriti.

Walter Dix (medaglia d'argento di quei 100 metri): «Proprio

non credevo che avrebbero sbattuto fuori Usain, come puoi immaginare che lo caccino dai 100 metri? È una regola sbagliata che ci sta uccidendo».

Olivia Grange (Ministro dello Sport della Giamaica): «Il messaggio deve arrivare chiaro a tutti, questa regola non ha senso e deve essere rivista il più in fretta possibile».

Wellesley Bolt (padre di Usain): «Non amo volare, ma ho fatto un lungo viaggio in aereo per venire qui e vedere mio figlio correre e ciò non è stato possibile. Credo che come me siano rimasti delusi in tanti: tifosi, appassionati e gente comune. Comunque non sono preoccupato, Usain si riprenderà in fretta».

Grace Jackson (ex campionessa di atletica, ora capo delegazione della squadra giamaicana): «Abbiamo sempre odiato quella che noi chiamiamo one-false-startrule. Ora la odiamo ancora di più».

Ato Boldon (ex grande sprinter): «Merito un premio, lo dico da sempre che questa regola è illogica».

Anche Carl Lewis si è espresso sulla falsa partenza di Bolt: «Penosa. Ripeto che non sono nemmeno riuscito a vederla sulla tv americana e due giorni dopo era scomparsa dalle prime pagine. "Wait for the gun", dico io (aspetta lo sparo). La regola di una falsa e sei fuori nei college USA c'è dagli anni Settanta e nessuno l'ha mai trovata sconveniente. Perché tanto clamore? Io in vita mia ne avrò fatta una. E sto parlando di 17 anni di gare. Appena l'ha fatta Bolt, tutti a dire che non era giusto. Ma siamo pazzi? Questo capita quando uno sport è debole…». Perché tanta acredine di fronte al nuovo geniale che avanza?

Carlo Vittori: «Sostengo questa regola con tutte le mie forze perché è educativa. E lo sport è educazione a governare se stessi e i propri stati di tensione. È il lavoro, lo sforzo per tirare fuori il meglio da ognuno a dare credibilità allo sport. Chi si scandalizza o non è d'accordo vada a sbucciare banane. E poi mi chiedo:

perché nel nuoto la falsa va bene e nell'atletica no?».

Il mio allenatore, sulla falsa partenza e sul personaggio Usain Bolt ha rilasciato un'intervista al quotidiano «Tuttosport». Non è stato tenero con il giamaicano e non ha nemmeno preso in considerazione l'ipotesi di rivedere le nuove regole Iaaf relative alla falsa partenza, anzi: si è opposto a un'eventuale revisione. Io non condivido l'opinione di Vittori, che però trovo interessante. Per questo ritengo utile riportare integralmente quell'intervista:

Professore, che peccato l'altra sera...
Per favore, non facciamoci prendere per i fondelli da Bolt!

Vuol dire che l'ha fatto apposta?
Sì, il sospetto mi era venuto durante le batterie. Poi ho visto cosa ha combinato in finale e dico che una partenza del genere, così anticipata, è così stupida che probabilmente non sapeva cos'altro fare per tirarsi fuori dalla gara. È stata un'operazione troppo spudorata per essere credibile.

E perché tutto questo?
Perché non è nella forma di quando batteva il record del mondo. Perché deve aver pensato che con un'iniziativa del genere si sarebbe parlato di lui molto più che se avesse vinto in 9"90. È una follia: con l'atletica non si può giocare così. Non ci si può innamorare di uno sport o di un atleta che ha solo voglia di apparire.

Ora però si parla di cambiare la regola della partenza falsa fatale per tutti.
Sarebbe una catastrofe.

Addirittura?
Come minimo. Ma davvero vogliamo tornare alle due false, come più di dieci anni fa? Il rischio sarebbe di far durare i 100 anche 25 minuti. Non ha senso.

Quindi propone di lasciare tutto com'è adesso?
Senza il minimo dubbio. La teoria che le televisioni spingerebbero per l'abolizione è una contraddizione. La gara, con questo regolamento, garantisce emozioni vere al pubblico. L'atleta deve imparare a gestirsi e il pubblico deve godersi l'emozione, falsa partenza compresa. Cambiare le cose e tornare al

passato sarebbe anti-educativo per gli atleti ma anche per il pubblico. Ma da queste parti, ormai, l'educazione è già andata a farsi benedire.

Parla di Bolt?

Ma è evidente. Con quello che ha fatto l'altro giorno e con tutta la serie di atteggiamenti a cui sta abituando il pubblico e in particolare i ragazzi, ha tradito tutti. E tradire i giovani è la cosa peggiore.

La Iaaf è già sotto pressione.

Non posso credere che la levata d'ingegno di un ragazzo, che a questo punto non ritengo nemmeno più di definire campione, rischi di far cambiare l'unica normativa saggia decisa da quest'atletica ormai impazzita. Qui ormai i protagonisti si mettono a fare i buffoni e si comportano in questa maniera unicamente per accontentare gli sponsor e accumulare sempre più denaro. Una delle conseguenze è che in questa maniera si apre la strada al doping più becero e diseducativo. E poi un'ultima cosa bisogna ricordarla: se si cambiasse, si cambierebbe per una causa emotiva e non razionale, come invece dovrebbe essere. Che facciamo? Ci facciamo condizionare dalle emozioni proprio mentre stiamo dicendo che la norma sulla «falsa» da squalifica serve per governarle, le emozioni?

Ipse dixit. Non ho spesso condiviso le sue posizioni e lo confermo, anche questa volta.

Da queste dichiarazioni si capisce che secondo il professor Vittori, Usain Bolt avrebbe fatto apposta a farsi squalificare per falsa partenza nella finale dei 100 metri dei Mondiali: «Lo ha fatto perché non era in forma e voleva ugualmente far parlare di sé». Dopo questa intervista rilasciata a «Tuttosport», Vittori è stato molto criticato e si è fatto molti nemici. Uno dei più critici nei suoi confronti è stato il giornalista Claudio Colombo che, sulla rivista «La Corsa», ha scritto:

Che poi Bolt «non fosse in forma» è una teoria tutta da discutere. Vittori certo non poteva prevedere che nei giorni successivi il velocista avrebbe trovato la «quadra» perfetta, come dimostra la facilità con cui ha dominato i 200 e portato la staffetta del suo Paese al record mondiale. O forse sì: ci saremmo aspettati, da un luminare come lui, una previsione meno catastrofica sul Mondiale di Bolt, non certo un giudizio così negativo e tranciante. Potremmo dire: anche i grandi sbagliano. Anche un professore come Vittori può, a volte, uscire dal seminato. Ma la vera domanda è: perché l'ha fatto? Per quale recondito motivo ha deciso di sparare a zero sul fantastico velocista giamaicano, l'uomo, ricordiamolo, in grado di rivitalizzare un movimento che negli ultimi anni, usciti di scena i grandi personaggi, aveva perso smalto e appeal? Possiamo azzardare una piccola risposta, sperando di non urtare la suscettibilità del grande tecnico: lui sì, voleva la ribalta, magari un titolo di giornale e soltanto l'andar giù pesante, soprattutto controcorrente, gli avrebbe consentito di uscire dalla serena, ma forse noiosa dimensione di una vita ai margini (per ragioni anagrafiche) del suo grande amore, l'atletica.

Ma non è così che si fa. Non è così che si difende un immenso passato. Non sono queste le parole che vogliamo ascoltare dal guru nel quale abbiamo sempre creduto.

È una brutta cosa invecchiare, per tutti, professore. Essere stati protagonisti e vivere solo di ricordi.

A proposito della falsa partenza di Bolt ai Mondiali di Daegu, la dichiarazione più stravagante è stata resa dall'olimpionico dei 200 metri a Roma 1960, Livio Berruti, il quale ai microfoni di Radio 24 in «A tempo di sport» ha detto: «Non so se è un'idea folle, ma sarebbe bello se un atleta che fa una partenza falsa partisse mezzo metro indietro rispetto agli altri al secondo tentativo. Dare una sorta di penalità permetterebbe a tutti di potersi esibire». Questa dichiarazione mi fa pensare che Berruti, oggi, sia anche un uomo di grande fantasia.

E in questo confronto con il modo di fare sport di altri atleti del passato, sono stato tirato in ballo anch'io dal giornalista Gianni Merlo della «Gazzetta» che con le sue affermazioni ha dimostrato di conoscere poco lo sport di cui scrive:

Pietro Mennea era esattamente il contrario rispetto a Usain. Lui si macerava dalla tensione. Dopo aver vinto l'oro olimpico a Mosca, venne a parlare con noi. Era teso come una corda di violino. Per sbaglio, invece di versarsi sui capelli dell'acqua minerale, usò una Fanta e poi disse che non avrebbe più fatto una fatica simile per raggiungere quel risultato, neanche per tutto l'oro del mondo. Per fortuna poi ci ha ripensato ed è diventato un esempio di professionalità, ma è sempre meglio un messaggio di allegria dopo un grande risultato. Lo ammettiamo, noi stiamo con Usain.

Certo, io sono stato un atleta e lui un giornalista e non potrà mai sapere cosa si prova prima o dopo una finale olimpica, però desidero rispondere così: «Quel modo di fare sport mi ha portato a non commettere mai una falsa partenza nelle gare che contano. Anche questo dettaglio, che secondario non è, ha contribuito a farmi considerare dai conoscitori dell'atletica uno sprinter che ha vinto molto».

Nessun velocista al mondo, fino a ora, può vantare una longevità pari alla mia. A tal punto che all'epoca di Mosca ero diventato il più anziano vincitore olimpico della storia dei Giochi sui 200 metri. Nessuno è riuscito a essere presente con la frequenza e la qualità mie, nelle liste mondiali assolute. Nel 1980, prendendo in esame i migliori 100 risultati elettronici dei 200 metri (101 per l'esattezza) risulto presente 30 volte, cioè venti volte di più del secondo, che era proprio il grande Donald Quarrie, poco sopra citato. La classifica di maggiore qualità è quella che prende in esame le prime ventuno migliori prestazioni al mondo, cioè fino al 20''08 (ventunesimo tempo): io ero presente con 9 risultati, cioè il 43%.

Esaminando l'autorevole rivista «Track and Field News», che formula le graduatorie mondiali delle discipline a partire dal 1972, le mie quotazioni nell'arco dei vari anni sono oscillate dal primo al quinto posto.

Va precisato che per la rivista menzionata sono molti gli esperti che formulano la graduatoria e che tengono «in considerazione, attraverso diversi parametri, il rendimento generale di un atleta nell'arco dell'annata».

Questo il mio rendimento in quegli anni:

1972	3°	(1° Borzov)
1973	3°	(1° Williams)
1974	4°	(1° Leonard)
1975	5°	(1° Quarrie)
1976	5°	(1° Quarrie)
1977	1°	(2° Quarrie)
1978	2°	(1° Edward)
1979	1°	(2° Edward)
1980	1°	

Dal 1947 al 1980 solo tre atleti, e cioè Mel Patton, Tommie Smith e Donald Quarrie, sono riusciti a primeggiare per tre stagioni come me. Quarrie, all'epoca poteva vantare tre primi posti e altrettanti secondi posti. Va tenuto conto che la mia carriera agonistica non era ancora terminata.

Se Usain virerà per i 400 metri, che può doppiare con i 200 metri come e quando vuole, comprese le relative staffette, 4 medaglie d'oro olimpiche e mondiali sono già ipotecate.

200 metri per dimenticare

Dopo la disfatta della falsa partenza nei 100 metri, Bolt è diventato l'oggetto misterioso dei Mondiali di Daegu. Infatti molti si sono chiesti come il giamaicano avrebbe reagito a questa cattiva esperienza e cosa avrebbe fatto nei 200 metri. Dopo quattro giorni di totale clausura le prime notizie sono iniziate a trapelare e il primo a parlare è stato il suo manager, l'irlandese Ricky Simms, che ha detto ad alcuni giornalisti che Bolt aveva già smaltito «la forte delusione» e che nei 200 metri «non deluderà il pubblico». Di sicuro il giamaicano, da professionista, aveva ripreso subito ad allenarsi e lo aveva fatto lontano da occhi indiscreti.

Una cosa era certa: mentalmente aveva dovuto lasciare subito alle spalle la finale dei 100 metri e cercare di concentrarsi il più possibile sui 200. Nei momenti critici un leader non deve compatirsi, abbattersi, arrabbiarsi. Deve ricacciare indietro queste emozioni. La rapidità con la quale ci si riprende dopo una battuta d'arresto è importante; in molti casi, l'errore gioca un ruolo motivante, fondamentale per conseguire l'obiettivo.

Da questo punto di vista, il Bolt del «dopo falsa» di Daegu si è trovato nella stessa condizione psicologica del Mennea finito fuori dalla finale dei 100 metri ai Giochi olimpici di Mosca. Un viaggio in fondo a se stesso, al termine del quale bisogna trovare le energie per andare oltre i sentimenti negativi e ricostruire il morale necessario per proseguire.

Nella parte sportiva della mia vita non c'è stato momento più importante di quello vissuto a Mosca, nel 1980. Mi riferisco alle quarantotto ore che mi separavano dalla finale dei 200 metri: quei due giorni rappresentano in assoluto il periodo di cui vado maggiormente orgoglioso.

Avevo già partecipato a due finali olimpiche sulla stessa distanza senza aggiudicarmi l'oro. Ora che ero approdato alla terza finale olimpica non dovevo lasciarmi sfuggire anche questa occasione.

I risultati agonistici del biennio precedente mi garantivano che valevo più di quello che avevo fatto vedere nei 100 metri, perciò compresi che anch'io avevo più di una chance per vincere la finale dei 200. In quelle poche ore che mi separavano dalla finale capii che avrei potuto vincere solo se fossi rimasto concentrato sugli avvenimenti.

Compresi che, al contempo, per conquistare quel traguardo non bastava solo mettersi alle spalle gli avvenimenti negativi e non potevo e volevo essere ricordato come colui che non era riuscito a vincere una finale olimpica. E poi ero o non ero io l'uomo da battere? Rovesciare tutta la prospettiva era fondamentale.

Avevo bisogno di una concentrazione sovrumana e di focalizzarmi al massimo sull'obiettivo.

In quelle ore che mi separavano dalla finale, il mio pensiero continuo non fu solamente che io potevo vincere, ma che ero «destinato alla vittoria». Mi sono detto che quello era il mio turno, che dovevo dare il massimo, andare oltre ogni possibilità. Quello era il momento per vincere la medaglia d'oro olimpica. Doveva accadere quella volta, perché non vi sarebbe stata la prossima. Era il mio ultimo «Treno per Yuma».

Tutto da rifare

Quello che si è presentato ai blocchi di partenza dei 200 metri era un Bolt che aveva smesso di gigioneggiare e appariva più concentrato. La voglia di divertirsi gli era rimasta, ma la riservava a dopo la gara. Sicuramente non aveva dimenticato la falsa partenza dei 100 metri: in batteria il suo tempo di reazione allo sparo è stato lento (0,314), è sembrato un vecchietto, ma si è risparmiato, ha corso in 20''30 (vento – 1,0) inseguito dal bahamense Mathieu in 20''46.

In semifinale, il tempo di reazione allo sparo di Bolt è stato di 0,207: ancora un po' lento, ma gli è bastato per prevalere in 20''31(vento – 1,0). Ha corso praticamente solo la curva e in rettilineo si è limitato a controllare gli avversari: Ndure (20''50), De Barros (20''54).

Lemaitre ha vinto la seconda semifinale stabilendo il proprio miglior risultato cronometrico stagionale (20''17); il francese ha preceduto Ashmeade (20''32).

Nei turni eliminatori dei 200 metri, Bolt ha dimostrato di voler provare la fase di accelerazione della gara e in rettilineo si è limitato a tenere ampie le sue falcate, senza cercare la frequenza, ma controllando gli avversari. Un gioco da ragazzi, per lui.

Dopo il suo turno, Bolt ha lanciato nella zona mista le scarpe scatenando l'entusiasmo tra il pubblico. Questi due turni sui 200 metri hanno dimostrato quanto ampio sia il divario tra Bolt e i suoi avversari. Nessuno poteva impensierirlo.

Dopo la semifinale si è limitato a dichiarare: «Sono contento, è andata molto bene. L'obiettivo era la finale. La cosa importante è che sto bene, che ho speso poco e sono pronto». E riferendosi alla falsa partenza ha dichiarato: «Vi sembro depresso per quanto è successo nei 100 metri? Nello sport si vince e si perde. Nei 100 ho sbagliato e ho pagato, ma adesso guardo avanti. Dopo la finale dei 200 vi spiegherò il mio errore. La mia corsa è stata super, ho fatto quello che avevo concordato con il mio allenatore. I 200 metri sono la mia corsa preferita, i miei sette avversari sono tutti forti, ma nessuno di loro può battermi se resto concentrato, perché sono io il migliore». Rileggete: non vi ricorda Cassius Marcellus Clay?

Da queste parole viene fuori un campione sincero e onesto, che conosce il rispetto delle regole cui tutti devono attenersi. «Sono molto deluso, capirete... Ho lavorato un anno per confermare i due ori di Berlino e mi sono trovato fuori senza correre».

200 metri (La finale)

Anche quello che è andato ai blocchi di partenza per la finale dei 200 metri è un Bolt più concentrato di quello che la televisione ci aveva abituati a vedere: ha dedicato poco tempo alle scenografie e ai gesti che hanno fatto presa sull'opinione pubblica mondiale.

Questa volta si è limitato alla famosa freccia al cielo e a un saluto alla ragazza incaricata di raccogliere la cesta con i suoi indumenti.

In questa finale gli era stata assegnata la terza corsia, che per un biotipo come il giamaicano (ripeto: è alto 1,96) non è la migliore. All'esterno aveva i suoi due rivali più titolati: lo statunitense Dix (4ª corsia) e il francese Lemaitre (6ª corsia). Allo sparo Bolt è stato il più lento degli otto finalisti (0,193 il tempo di reazione), mentre il più veloce è stato Dix, che nei primi metri gli è schizzato via. A metà curva Bolt ha cominciato a incrementare il passo e ad aprire la falcata. Questo sviluppo dell'azione di corsa lo porterà a coprire i primi 100 metri in 9''97 e gli consentirà di uscire sul rettilineo in leggero vantaggio. Ma la sua progressione è diventata davvero impressionante nel rettilineo, quando ha lanciato uno sguardo sulla parte esterna per vedere dove erano i suoi rivali. Ha conservato la progressione fino alla fine, dando un'occhiata anche al maxischermo dello stadio per vedere dove erano gli altri sette.

Ha vinto la finale in 19''40, terza miglior prestazione della sua carriera, quarta nella graduatoria dei tempi di sempre, dopo il 19''19 dei Mondiali di Berlino 2009, il 19''30 dei Giochi olimpici di Pechino 2008 e il 19''32 di Michael Johnson ai Giochi Olimpici di Atlanta 1996. Quella dei 200 metri è stata una grandissima gara dove 4 atleti hanno conseguito una prestazione cronometrica sotto i 20 secondi: 19''70 Dix, 19''80 Lemaitre e 19''95 per il norvegese di colore Ndure. Il terzo 200 metri più veloce di sempre, facendo la media dei primi tre classificati: 19''63 contro i 19''60 di Atlanta 1996 e i 19''62 di Berlino 2009.

In questa gara Bolt ha corso alla media di 37,113 km/h contro i 37,519 km/h di Berlino 2009 e ha toccato punte superiori ai 44 km/h. Ciò è potuto accadere anche grazie al vento favorevole sul rettilineo (+ 0,8), ma soprattutto agli avversari di Usain: Dix e Lemaitre hanno tenuto fino alla fine e impegnato Bolt che ha visto quanto i due concorrenti, questa volta, gli siano arrivati vicino, ad appena 3 e 4 decimi. A Berlino 2009 e a Pechino 2008 il distacco dagli avversari era risultato nettamente superiore.

Quindi una gara travolgente da parte di Bolt, ma grande anche da parte di Dix, che è stato capace di stare a fianco del giamaicano per quasi tutta la curva. Il francese Lemaitre, grazie a un rettilineo finale dove ha concesso poco a Bolt, è stato capace di raggiungere il podio dei Mondiali, ma soprattutto ha corso la distanza in 19"80 (media 36,363 km), nuovo record di Francia, a 8 centesimi dal mio primato europeo, diventando il secondo atleta europeo di sempre.

Subito dopo la gara il transalpino di Annecy ha dichiarato: «Non pensavo di andare tanto veloce; ero convinto di poter correre sotto i 20 secondi, ma non in 19"80, è la più bella gara della mia vita [...]. Sentivo addosso tante aspettative, ma la pressione non mi ha schiacciato. Mi spiaceva di non aver vinto una medaglia sui 100 metri, ora la gente sarà contenta. Sono i 200 metri la distanza in cui posso dare di più».

Ma torniamo alla gara di Bolt, che ha dichiarato ai giornalisti: «I 200 metri è una specialità che sta crescendo molto, vedo tanti giovani di valore in giro e l'anno prossimo la concorrenza sarà ancora più dura. Nel 2012 spero di essere al massimo, quello che non ho potuto essere adesso. Gli Europei? Oltre a Lemaitre ci sono giovani di valore, ma penso che tutti gli sprinter europei dovrebbero lavorare di più. È una distanza difficile, dove devi stare attento a fare bene molte cose, ma rimane la mia gara preferita. La delusione per quanto è successo sui 100 metri mi motiverà ancora di più per la prossima stagione. Lo sapete, voglio diventare una leggenda, e Londra sarà l'occasione giusta» [...] «Sono contento del risultato dei 200 metri, il migliore sono sempre io e l'avrei dimostrato anche nei 100. In questi giorni non sono rimasto zitto, ma volevo offrire ai miei tifosi una grande vittoria sui 200 metri e dir loro: scusatemi, sono dispiaciuto per quanto è accaduto. Non sono nella forma giusta, ma le gambe giravano bene ed è venuto fuori un gran tempo nella mia gara preferita. Mi hanno spinto il piacere e la gioia di correre. Non avevo paura in partenza, ma un po' condizionato lo ero e per questo non sono stato velocissimo allo sparo». È il più grande di sempre, e parlava in diretta.

La staffetta 4x100

Nesta Carter, Michael Frater, Yohan Blake e Usain Bolt hanno corso la staffetta 4x100 in 37''04 stabilendo l'unico record mondiale della rassegna iridata coreana. La somma delle età dei componenti il quartetto raggiunge 102 anni. Salvo rare eccezioni, in passato, la staffetta 4x100 è stata dominio degli USA, che hanno fatto valere il forte potenziale individuale, nonché la loro vecchia tradizione.

Ma a partire dal 2008, e cioè dai Giochi Olimpici cinesi, la leadership in questa specialità è passata nelle mani degli storici rivali giamaicani, che hanno vinto ai Giochi di Pechino e ai Mondiali di Berlino 2009 e di Daegu 2011. Nella seconda batteria del primo turno, i tre amici di Bolt, insieme al giovane Dexter Loe, hanno corso in 38''07, guadagnandosi l'accesso alla finale e giungendo secondi alle spalle di Trinidad e Tobago (37''91).

Della squadra giamaicana, come già detto, non ha fatto parte Asafa Powell, fermo per un infortunio e sostituito dal campione mondiale dei 100 metri, Blake.

Quindi la 4x100 giamaicana è composta da tre quarti di coloro che avevano vinto la medaglia d'oro ai Giochi Olimpici di Pechino 2008 e portato il primato mondiale a 37''10.

In questa finale c'è stata però una novità: Bolt non ha corso la curva, ma l'ultima frazione. Nei grandi eventi come le Olimpiadi di Pechino 2008 e i Mondiali di Berlino 2009 in pochi hanno capito perché un biotipo come Bolt corresse la frazione in curva (la terza) quando è impossibilitato a sviluppare in modo efficace la sua azione di corsa (è difficile che un uomo così alto possa raggiungere in curva l'ampiezza massima dei suoi passi).

«Da inizio stagione ho qualche problema a un tendine e in curva non posso spingere al massimo. Avrei corso per quarto in ogni caso».

La sfida della 4x100 ancora una volta si configurava come un duello tra Giamaica e USA.

Nelle prime due frazioni, le posizioni di USA e Giamaica erano praticamente sovrapposte, ma in terza frazione ci sono state due novità. Per la Giamaica c'era Blake che, con azione di corsa «sontuosa» ed efficace, ha preso un importante vantaggio sulla concorrenza e ha allungato sugli USA, ma, al terzo cambio, per gli americani è accaduto l'imponderabile: Patton, con la spalla sinistra ha urtato il quarto frazionista britannico Harry Aikines-Aryee, che è caduto lungo sulla pista, e non è riuscito a passare il testimone a Dix. Un pasticcio che ha tolto dal podio due dei quartetti più titolati.

Per la Giamaica, dopo l'ottima frazione di Blake che ha passato il testimone a Bolt, abbiamo assistito a una parte di staffetta che raramente avevamo visto effettuare: il lanciato di Bolt è stato spaventoso e di una efficacia rara da vedere. È stato capace di trasformare una gara di squadra in una prova individuale. Qualcuno scriverà che la frazione di Bolt è stata «uno dei più clamorosi, maestosi, imperiali, pazzeschi rettilinei mai corsi da un essere umano. In quei cento metri abbondanti, il mitico Usain ha scavato una voragine che tecnicamente e freddamente risulta inedita nell'atletica moderna...».

La voragine, appunto, la stessa di cui avevo percepito la presenza a Pechino, e che ci ha condotto insieme su queste pagine. Mitica.

Per gli amanti e nostalgici dell'atletica, l'impresa di Bolt in staffetta ha fatto ricordare la quarta frazione della 4x100 effettuata da Bob Hayes nella finale della 4x100 metri, corsa il pomeriggio del 21 ottobre 1964 alle Olimpiadi di Tokyo, quando, ricevuto il testimone con ben 3 metri di svantaggio, riuscì a produrre una delle accelerazioni più impressionanti della storia, portando gli Stati Uniti al successo con largo margine e il nuovo record mondiale. Bob Hayes, un nero di Jacksonville, in Florida, alto 1,83 per 86 kg, rappresentava la potenza che si scatenava in velocità. Vedendolo correre in quella gara, Owens lo definì: «Il più grande sprinter di ogni tempo». Peccato che abbia smesso con l'atletica subito dopo i Giochi di Tokyo ancora in giovanissima età, per dedicarsi al football americano.

La squadra giamaicana ha chiuso la gara di Daegu in un fantastico 37"04 (record mondiale). La velocità del quartetto è stata di 38,876 km/h. Questa corsa ha procurato il secondo oro a Blake e Bolt: nessuno in questi Mondiali, in campo maschile, ha fatto altrettanto.

La Francia di Lemaitre ha conquistato la medaglia d'argento e ha chiuso la gara in 38"20, staccatissima dalla Giamaica di 1"16 (quasi dieci metri il divario).

La medaglia di bronzo è andata alla formazione di Saint Kitts e Nevis, guidata dal trentaseienne Kim Collins, che con una frazione stupenda è riuscito a centrare il podio in una manifestazione iridata.

Va evidenziato che Saint Kitts e Nevis è uno stato grande poco più di una città di 50.000 abitanti. Un piccolo stato caraibico in grado di sfornare quattro velocisti capaci di battere molte formazioni più blasonate e di più antica tradizione. Anche questo è il fascino dell'atletica: un piccolo angolo di mondo, sconosciuto ai più, può produrre eccellenza. È una lezione nuova.

Dopo la staffetta 4x100, Bolt ha dato sfogo a tutti i numeri e gesti che ormai il pubblico pretende, con buona pace dei pochi che storcono il naso per quello che combina dopo una gara. E che importa, finché corre così?

Anche in questi Mondiali il giamaicano ha lasciato il segno: una grande prestazione cronometrica sui 200 metri e un record mondiale nella 4x100, seppur condiviso con gli altri amici.

«Ho solo pensato a correre il più veloce possibile e ci sono riuscito. Non solo io, ma anche i miei compagni. Yohan Blake è stato grande. Come mi sento adesso? Sono contento, strafelice. Ma questo record non è soltanto mio. È di tutta la squadra».

«Adesso mi aspetta un anno molto delicato e impegnativo, pensando ai Giochi di Londra».

Ma nel finale della stagione agonistica 2011 nella velocità vi saranno ancora delle sorprese.

Dopo i Mondiali, Bolt è tornato alle gare in occasione del meeting di Zagabria (13 settembre) chiedendo agli organizzatori di disputare i 100 metri. Nella finale di Diamond League avrebbe dovuto correre i 200 metri, ma dopo quello che è successo a Daegu, il giamaicano ha chiesto all'organizzatore, Wilfried Meart, di inserire la prova corta per tentare di conseguire la migliore prestazione stagionale che era detenuta da Powell con il 9''78 stabilito nel meeting di Losanna. Nel resto del 2011 non si è verificato il duello diretto tra lui e Blake, perché è consuetudine che chi è allenato da Mills (Blake e Bolt lo sono) non sia tenuto a partecipare a questi «scontri sportivi».

A Zagabria il pubblico del piccolo stadio universitario di Meadost, poco prima della partenza dei 100 metri, ha accolto con un grande boato Bolt. Prima di andare ai blocchi di partenza, il giamaicano ha fatto il solito show e allo sparo è risultato un po' lento: per gran parte della gara ha visto la schiena di Kim Collins e solo nel finale, quando ha messo il turbo con la sua ormai classica progressione, è riuscito a staccare i suoi avversari e chiudere la gara in 9''85, tempo che non lo ha soddisfatto.

Secondo è arrivato Kim Collins con 10''01 e terzo Richard Thompson in 10''03.

Anche in questa gara Bolt ha vinto, ma non ha stravinto. Un altro campanello d'allarme?

«Sono partito troppo lento, potevo sicuramente far meglio, soprattutto perché c'erano le condizioni ideali».

Alla vigilia del meeting di Bruxelles, Usain ha dichiarato alla stampa: «Non avete ancora visto il vero Bolt. Ho ancora margini di miglioramento nei primi 30-40 metri e se le condizioni atmosferiche saranno buone posso correre in meno di 9''70».

Il suo desiderio in quella che poteva essere l'ultima gara della stagione era di conseguire un tempo che gli avesse consentito di guidare la lista mondiale 2011. E per riuscire in questa impresa avrebbe dovuto migliorare il record della pista che gli apparteneva dal 2009 con 9''77. «Posso ancora archiviare l'anno, riprendendomi il mio posto in vetta alle graduatorie».

Dinanzi a 45.000 spettatori, nella gara dei 100 metri, con avversari non in grado di impensierirlo, come l'americano Gatlin e i giamaicani Carter e Clarke, Bolt è riuscito a correre in 9''76, migliore prestazione mondiale 2011 (vento + 1,3), migliorando di un centesimo il record della pista che deteneva dal 2009 e superando di 2 centesimi il capolista della distanza Powell.

Dopo l'ormai solito ritardo allo sparo è stato costretto a inseguire Carter fino a 70 metri e solo nella parte finale della gara lo ha raggiunto.

«Era l'ultima gara dell'anno, è stata una stagione di alti e bassi, ma va bene così».

Il giamaicano è poi andato in vacanza. Il suo allenatore, Mills, gli aveva dato appuntamento per il 17 ottobre 2011, alle ore 15.00 sulla pista di Kingston. «Ci sarò, puntuale». È stato di parola.

In questo meeting Bolt è stato oscurato dal suo amico di allenamento Yohan Blake, che sui 200 metri è riuscito a correre la distanza in 19''26, il secondo tempo di sempre dopo il 19''19 con cui Bolt il 20 agosto 2009 aveva stabilito il nuovo record mondiale.

«Difficile battere uno che va così forte, ma non mi sorprende. Devo riprendere presto e migliorare la partenza, perché adesso non si scherza più».

Dopo l'exploit di Blake ai Mondiali di Daegu e l'incredibile tempo ottenuto da quest'ultimo al meeting di Bruxelles sui 200 metri (19''26), molti si chiedono come viene vissuto in allenamento il rapporto tra i due amici-rivali che a Londra si contenderanno le medaglie d'oro nei 100 e 200 metri. A un giornalista che gli ha chiesto: «È tutto come prima, o quel 19''26 di Blake sui 200 metri la sta condizionando?», Bolt ha risposto: «No, sapevo che era forte, ma non pensavo che potesse arrivarmi così vicino. Non lo pensavo perché Johan non sa ancora correre in curva. Ma i 200 sono la distanza che amo di più, non sarà facile battermi».

Blake ce l'ha davanti ogni giorno in allenamento…

Così lo tengo d'occhio. No, scherzi a parte, è un grande stimolo quotidiano.

Fra voi due c'è competizione anche mentre vi allenate?

No, il nostro allenatore, Mills, su questo è categorico, le gare sono una cosa, l'allenamento è un'altra. Non possiamo correre il rischio di infortunarci mentre ci prepariamo.

Una raffica di nostalgia.

Mondiali di atletica.

Quando sento queste tre parole, la mente corre da sola a Helsinki.

Nel 1983 la città finlandese avrebbe fatto da teatro ai primi Campionati mondiali, in programma nella prima metà di agosto. Si trattava di uno dei successi politici di Primo Nebiolo, nonché ennesima conseguenza di quell'epoca di Olimpiadi monche. Al riparo dagli interessi e dai diktat della politica internazionale, la Federazione mondiale presieduta dal dirigente torinese proponeva l'appuntamento iridato come unica occasione di un confronto autentico e completo, alla presenza di tutti i migliori di ogni specialità, dell'Est, dell'Ovest e… del mondo in mezzo! In quell'edizione, cui anch'io partecipai, nella velocità si impose Carl Lewis, che vinse i 100 metri in 10''07 davanti a Calvin Smith (10''21) e al terzo degli statunitensi, Emmit King (10''24). Allan Wells, campione olimpico in carica, finì al quarto posto in 10''27.

Nella finale della staffetta 4x100, la squadra italiana, composta da Tilli, Simionato, Pavoni, Mennea, compì un'impresa memorabile: giungemmo secondi alle spalle degli Stati Uniti con il tempo di 38''37, tempo che s'infilò diritto nella storia poiché sarebbero passati 27 anni prima che un quartetto azzurro riuscisse a migliorarlo. Nel 2010, ai Campionati europei di Barcellona, Donati, Collio, Di Gregorio e Checcucci avrebbero conquistato la medaglia d'argento in 38''17.

Nella finale dei 200 metri giunsi terzo (20''51) precedendo lo scozzese Wells (20''52) e il tedesco Emmelmann (20''55). Oltre alla medaglia di bronzo, mi piace ricordare che in quell'evento ero ancora il primo europeo. Una raffica di nostalgia mi colpisce pensando a quei giorni del 1983: di strada questo evento sportivo ne ha fatta tanta e solo la storia dell'atletica ci dirà se in positivo o in negativo. Certo, ancora non pensavo, caro Usain, al simbolico passaggio del nostro testimone.

Allora non pensavo che nella storia avrei rivestito il ruolo di ultimo grande sprinter bianco, anche se «bianco solo di fuori», come dissi a Cassius Clay, stupito nello scoprire che l'uomo più veloce del mondo non era nero.

6
Gli allenamenti, la chiave di tutto

E se avesse ragione Mina? Sì, proprio quella Mina che pensate voi, la grande interprete della musica leggera italiana, anche lei la più grande di tutti.

In pochi lo sanno, ma è una profonda conoscitrice e appassionata di atletica.

Con riferimento ad altri sprinter, ma soprattutto a quelli dei Caraibi che solo parzialmente riuscivano a esprimere il loro talento, anni fa ha scritto: «...E se queste magnifiche macchine da corsa si decidessero a sopportare i carichi di allenamento a cui si sottoponeva quell'enorme pugliese che risponde al nome di Pietro Paolo Mennea, forse il primato si sbriciolerebbe con maggiore facilità. I risultati che Mennea raggiungeva con il massacro macerante di un allenamento più simile a un supplizio che a un esercizio, i neri d'America, di Trinidad e della Giamaica li ottengono basandosi su una dote naturale che mi crea un po' d'invidia...». Mina era perfettamente a conoscenza delle mie metodologie di allenamento e degli enormi carichi di lavoro a cui mi sottoponevo.

Questo episodio mi è tornato in mente quando mi sono trovato ad analizzare lo sviluppo straordinario dei risultati conseguiti negli ultimi anni dagli atleti dei Caraibi. «E se Mina avesse ragione?», mi sono chiesto. «Non sarà che, banalmente, gli atleti provenienti da questa area geografica abbiano infine imparato ad allenarsi?».

Allenarsi, sempre

Da capo, allora. Ripasso dei fondamentali. Portate pazienza, ma in mezzo a tanto inumano progredire un po' di ordine mentale lo dobbiamo ritrovare. Ecco una prima cosa che deve essere chiara a tutti: nello sport, ma soprattutto in atletica, il talento è importante, ma non è tutto. Soprattutto oggi, che di talenti il mondo ne esprime davvero tanti, per eccellere in una disciplina sportiva così è necessario allenarsi. Tanto. E bene.

La difficoltà di un allenatore è soprattutto lì, nello scegliere quali cose far fare al giovane atleta, con quali quantità e progressione dei carichi. Nel momento in cui si ha tra le mani una perla atletica di quel valore, l'errore è sempre dietro l'angolo. Di solito prende la forma della fretta di sviluppare massa muscolare attraverso il lavoro in palestra. La struttura longilinea del giovane e ancora filiforme Usain deve aver suggerito questa urgenza, quando le priorità erano altre: tecnica di corsa, elasticità, resistenza e potenza organica. Potenziamento sì, ma in armonia con le altre esigenze. Altrimenti la carriera di un atleta rischia di fare la fine di certi compiti di matematica ai tempi della scuola: si commetteva un piccolo errore nella prima riga di un'equazione, non ce ne si accorgeva e ce lo si portava dietro di passaggio in passaggio, fino a che l'equazione stessa non diventava ingestibile.

Nell'allenamento del giovane velocista l'errore da non portarsi dietro è quello di un lavoro precoce che genera scompenso nella struttura muscolo-scheletrica e che prima o poi si ripercuote in un infortunio o in una serie di infortuni tra loro legati da un effetto domino.

Per quanto paradossale possa sembrare, l'intenzione è spesso contraddetta dal risultato: si fanno fare i lavori coi pesi al ragazzo per renderlo più forte, ma proprio quei carichi, non adatti alla sua struttura ancora in via di sviluppo, lo espongono maggiormente al rischio di strappi, contratture, risentimenti e scompensi biomeccanici.

Per quanto riguarda la metodologia dell'allenamento, la più grossa innovazione che ha prodotto la mia carriera sportiva è stato il miglioramento della qualità del lavoro intesa sia in termini di intensità, sia in termini di varietà e specificità di esercitazioni, nonché di mezzi.

La riuscita dell'allenamento dipende da come si combinano la quantità e l'intensità, ma anche dalla successione dei diversi esercizi.

In questa fase della carriera sportiva di Bolt si era lontani dal raggiungere tutto ciò.

Per un atleta di alto rendimento agonistico, l'allenamento moderno deve, infatti, rispondere a un programma individuale, personale, in cui ogni esercitazione deve essere ordinata con sistematicità e coordinata con le altre esercitazioni, al fine di ottenere il massimo dal campione.

Un allenamento sistematico è tale se gli sforzi vengono pianificati e periodizzati. Periodizzare l'allenamento significa distribuire i vari elementi della preparazione nei diversi periodi, sottoperiodi e microcicli che compongono l'intero ciclo annuale, in modo che essi, pur differenti nella struttura e nei contenuti, rappresentino un sistema articolato e integrato. Richiesto di raccontare i segreti dell'allenamento di Bolt, Mills ha risposto così: «No, nessun segreto. Semplicemente passione e lavoro. Tutto alle massime dosi. Adottiamo buone metodologie di allenamento e, se un segreto c'è, è che cerchiamo ogni possibile strada per adattare questa metodologia alle caratteristiche di ogni atleta. Blake non può allenarsi come Bolt, si spaccherebbe e non potrebbe sfruttare sino in fondo le sue qualità».

Ascoltando Mills quando parla del suo allievo, si può capire che a causa della statura di Bolt, la preparazione è prevalentemente tecnica rispetto a quella tipica degli sprinter. «È obbligatorio conoscere l'esatto carico di lavoro da assegnargli e il momento in cui tornare indietro, poiché in caso contrario potrebbe infortunarsi». Per quanto riguarda la metodologia dell'allenamento, per Bolt la svolta arriva proprio quando passa sotto la guida tecnica di Glen Mills: «Quando iniziai a lavorare con Usain, fu subito chiaro che la sua meccanica di corsa aveva delle carenze. Correva dietro al proprio baricentro. La sua posizione del corpo in corsa metteva pressione sulla parte bassa della schiena e c'erano continui disallineamenti della testa del femore, che si traducevano in problemi ai muscoli femorali. La mia analisi fu che la meccanica di corsa contribuiva a creare questi problemi. Uno dei primi obiettivi fu quindi di farlo correre con la parte superiore in linea con il baricentro e con una leggera inclinazione in avanti di 5-10 gradi.

Abbiamo predisposto una serie di esercizi da eseguire e li abbiamo filmati, poi li mostravamo all'atleta in *show motion* per fargli vedere cosa faceva realmente. Poi prendevo dei diagrammi e gli mostravo esattamente la posizione che volevamo raggiungere.

La sua carenza nella meccanica di corsa derivava dal non essere in grado di mantenere la corretta posizione di uno sprinter durante la velocità massima. Per sopperire a questa carenza abbiamo dovuto iniziare un programma di allenamento intenso che prevedeva il miglioramento della forza nel busto. Che faticaccia, ma che risultati!».

«Io credo che il potenziamento dei flessori dell'anca, sommato a quello della parte superiore del busto, sia importante nella preparazione di un atleta. Le gare dei 100 e 200 metri alle Olimpiadi di Pechino 2008 hanno mostrato che Usain aveva appreso alla perfezione la tecnica di corsa; ma la trasformazione, e quindi i miglioramenti, hanno richiesto due anni di applicazione costante».

I risultati di tanto lavoro avevano cominciato a manifestarsi ai Campionati del mondo di Osaka 2007, dove, come già ricordato, a 21 anni vinse la medaglia d'argento sui 200 metri con un tempo di 19"91, alle spalle dello statunitense Tyson Gay. «Fu in quella finale che compresi come, con allenamenti più duri e maggiore determinazione nel perseguire gli obiettivi, sarei potuto diventare il numero uno al mondo. Quando sono arrivato dietro Gay, Mills ha capito che dovevo aumentare la forza muscolare. Temevo quel lavoro in palestra, ma non è successo niente e sono cresciuto davvero».

Alcuni esperti di metodologia di allenamento della velocità hanno scritto che Bolt è nato per correre i 200 metri, molti dei grandi velocisti del passato (eccetto il sottoscritto) e non, si sono invece trovati a essere grandi in questa specialità poiché erano forti sulla distanza più breve e, di conseguenza, riuscivano a conseguire risultati di rilievo anche sulla doppia distanza, mentre Bolt ha mostrato specifiche eccezionalità nelle gare dei 200 metri dove la sua forza, capacità, classe, si esprimono al massimo con naturalezza.

Nel 2008 Mills ha imposto una scelta difficile: ha costretto Bolt a puntare sia sui 100 sia sui 200 metri e sin dall'inizio della preparazione della stagione agonistica ha detto al suo pupillo: «Quest'anno per i Giochi prepariamo l'una e l'altra». Una scelta difficile per un atleta di 1,96 m, nato per correre e per dare il meglio sulla doppia distanza. La scelta però si rivelerà azzeccata.

Una decisione assunta quasi per gioco. I due fecero una scommessa: se Bolt fosse andato bene sulla distanza breve in un meeting a Creta, nel 2007, in calendario prima dei Campionati mondiali, l'allenatore lo avrebbe portato in condizione per disputare le due gare (100 e 200 metri) nella stagione successiva. Nel meeting di Creta, Bolt corse i 100 metri in 10''03, un tempo sensazionale per un debutto tra i seniores (over 19 anni). Il tempo fece scalpore, poiché in quel periodo in Giamaica un solo atleta, Asafa Powell, era più veloce di Usain.

Mills già sapeva che il suo allievo poteva correre molto rapidamente anche la distanza dei 100 metri, ma ha aspettato il momento e l'età appropriata per proporgli questa possibilità.

Il tecnico assumerà un ruolo fondamentale per la carriera del velocista. È l'uomo-allenatore che è entrato nella vita sportiva, e non solo, del campione e lo ha guidato verso traguardi decisamente più ambiziosi. In fondo il giamaicano era un giovane talento spesso afflitto da infortuni e appariva destinato a non tradurre in risultati le grandi potenzialità di cui all'evidenza disponeva. Per tentare di individuare i motivi dei numerosi infortuni, il coach lo fece visitare da diversi medici, e uno di questi gli diagnosticò il problema della scoliosi da cui derivavano i guai del tendine del ginocchio. Stabilita la diagnosi, Mills pianificò allenamenti che tenessero conto di quella patologia.

Tutti elementi, quelli riportati, che ci autorizzano a identificare in Mills l'artefice principale della attuale statura tecnica del giamaicano, oltre che della sua solidità psicologica. Sua è stata l'opera di convincimento che alcuni anni fa permise di trasformare il solo duecentista in un grande sprinter anche sulla distanza breve.

Bolt considera Mills il migliore allenatore del mondo, un ottimo stratega e un grande motivatore, artefice dei suoi tempi (9''58, 19''19!) difficili da battere per chiunque: «Coach Mills per me è come un secondo padre. Ha un enorme bagaglio di conoscenza sull'allenamento e ha anche molta esperienza dal punto di vista umano. Nel corso della mia carriera mi ha saputo consigliare al meglio e tra noi c'è un ottimo rapporto».

Questa valenza del tecnico come motivatore rappresenta a mio parere un fatto importante nel rapporto tecnico-atleta. Azzardo un'opinione ancora più forte: il lavoro principale di un allenatore, oltre all'essere esperto di metodologia dell'allenamento, consiste proprio nel saper motivare l'atleta. Il problema non è allenare un ragazzo di talento, l'ostacolo è nel motivarlo. Il lavoro primario di un allenatore è ispirare, inoculare emozioni nel cervello di un ragazzo, accendere la voglia di provare a realizzarle quelle emozioni.

L'ispirazione e la motivazione sono concetti in evoluzione. Durante la mia lunga carriera sportiva, Vittori non ha mai cercato di motivarmi. Chissà... forse io stesso ero già più motivato di lui. Non ha mai cercato di entrare nella mia vita. Non mi ha mai parlato dei miei progressi.

L'allenatore che segue dal punto di vista tecnico un atleta che mira ai massimi livelli, deve sapere che uno sportivo può aver bisogno di incoraggiamento in certi momenti, per continuare ad avere successo consolidando gli standard magari faticosamente raggiunti. Al tempo stesso il coach deve intervenire quando l'ego dell'atleta sconfina nell'autocompiacimento e lo trae in inganno. Se un giorno sentirete dire da un allenatore che il suo lavoro non è quello di motivare gli allievi e che questi devono arrivare già motivati, allora state certi che quello non sarà mai un grande allenatore.

Mills stesso descrive come deve essere la figura del trainer: «La mia maniera di concepire l'attività di coach non è unidimensionale, è anche rivolta a sviluppare nel ragazzo tutto ciò che serve per affrontare la vita. Partendo da questo presupposto, ho tentato di far comprendere le capacità e i valori che contano nell'esistenza a chiunque io abbia allenato, in modo che non si limitasse a dar fondo alle proprie potenzialità atletiche, ma crescesse e si formasse come persona equilibrata. La mia filosofia è che si può stabilire con gli atleti un contatto molto più profondo se ci si propone non solamente come insegnante, ma anche come amico». Sono parole sante. Magari avessi avuto un maestro, anche umano, così.

Attualmente Mills è l'allenatore più invidiato al mondo. Nessun tecnico può vantare i 71 titoli mondiali e le 33 medaglie olimpiche che i suoi atleti hanno conquistato, tra gare individuali e staffette. Ma è soprattutto invidiato perché oggi allena il più grande personaggio che lo sport possa annoverare.

Non sappiamo, però, da quali studi abbia desunto le sue conoscenze, né quali siano stati i grandi sacrifici e le ricerche che poi lo hanno portato a evolversi professionalmente, rivoluzionando così a fondo la metodologia dell'allenamento del velocista.

La sua carriera di tecnico l'ha portato ad allenare diversi atleti, molti di valore assoluto, avendo pertanto conferme e certezze del suo lavoro applicato ad altissimi livelli.

A 53 anni, dopo una mediocre carriera sportiva come velocista conclusasi quando ancora era giovanissimo, ha iniziato quella di tecnico già a 20 anni. Oggi allena atleti come Bolt, Veronica Campbell e Yohan Blake.

Quando ha preso in carico Bolt, nel 2004, ha fatto sì che l'atleta rinunciasse a lauti guadagni da gare e altri eventi, pur di dare la precedenza agli allenamenti, fatti di giusti carichi di lavoro alternati ad adeguato riposo. Lo ha gestito con parsimonia, consentendogli di svilupparsi in modo giusto. Tutto questo si rivelerà poi fondamentale.

«Mentre io svolgo il lavoro fisico e mentale, il coach si occupa della mia messa a punto, come un meccanico con una fuoriserie. Se monti un grosso motore turbo su una vettura e hai lo stesso la sensazione che potresti ottenerne prestazioni ancora migliori, la porti in un'officina specializzata dove la sottopongono a un check completo e regolano ogni piccolo pezzo per trarne quel qualcosa in più. Questo è ciò che Glen Mills fa con me».

Bolt, a dire la verità, non sempre si attiene alle istruzioni del suo allenatore. È un tipo pigro, che qualche volta cede alla tentazione di saltare l'allenamento. In questi casi Mills non si arrabbia e lascia fare, almeno fino a quando la defezione resta un fatto sporadico. Quando il programma prevede invece grandi carichi, allora Mills sa imporsi e Bolt è costretto a saltare qualche festa e rinunciare agli aspetti della vita che preferisce: gli amici, le ragazze.

Chiamato da un giornalista a spiegare come si allena, ha spiegato: «Generalmente faccio allenamento in palestra la mattina, con tecnica di corsa e prove di velocità nel pomeriggio. I miei preferiti sono gli allenamenti in pista, le prove corte e veloci sono il tipo di lavoro che amo di più. In tutto comunque saranno circa 3-4 ore al giorno».

In dettaglio: la mattina si reca alla Spartan Gim, a Kingston, e si sottopone a un'ora di lavoro di esercizi vari con pesi, panche, potenziamento per le braccia e le gambe, estensori per i tricipiti e per i muscoli del collo, vogatore, sollevamento pesi per i polpacci, lavoro specifico per gli addominali e qualche flessione: di quest'ultima esercitazione non fa molte ripetute a causa del problema della scoliosi.

Quando Bolt è in palestra non tocca mai il tapis-roulant poiché se utilizza a lungo questa macchina gli si irrigidiscono i polpacci.

Dopo la palestra, Bolt torna a casa, consuma un pasto leggero, spesso a base di pasta, si riposa un po' e dopo si reca al campo per completare la giornata di allenamento.

Dopo il riscaldamento, la seduta di training può comprendere le seguenti prove ripetute: 5 volte i 200 metri, o i 150 metri, o ancora un mix di 5 ripetizioni sulle due distanze.

A completamento della giornata di allenamento è sempre

previsto un momento dedicato allo stretching. Se la seduta di allenamento è intensa, allora il massaggio è obbligatorio, soprattutto per alleviare l'indolenzimento della schiena. È opinione dell'ormai consolidato tandem che alla vigilia delle Olimpiadi di Londra 2012 sia stato raggiunto il 75% degli obiettivi che si erano prefissati. In futuro, per incrementare quella percentuale, il grosso del lavoro dovrà essere dedicato all'elemento della forza esplosiva, perché questa, a tutt'oggi, non ha ancora raggiunto il livello che dovrebbe presentare in un atleta di tale calibro. E qui incrociamo tutti le dita. Usain è al 75%. Avrà fame a Londra? Arriverà al top?

Solo la Storia olimpica ce lo dirà.

Sono consapevole di come l'immergersi nei particolari degli allenamenti possa stancare il lettore meno specializzato, ma per onestà intellettuale non me la sento di eludere questo tema. Troppo spesso si guarda ai progressi della velocità con occhio superficiale e al tempo stesso diffidente. Ogni volta che viene stabilito un nuovo record ci si abbandona allo stupore. Nella nostra mente al concetto di primato del mondo è associato quello di limite umano. Si aggiorna il dato e si ricomincia a pensare che quello sia il massimo che un uomo possa fare. In realtà, anche dietro le straordinarie performance di Bolt c'è ancora del margine e risiede tutto nell'area non ancora esplorata dei suoi allenamenti.

Per questo penso che in fondo Mina avesse ragione: la spiegazione o parte della spiegazione dell'impennarsi verso l'alto dei risultati in questi ultimi anni è da rinvenire nel mutato atteggiamento di «queste magnifiche macchine da corsa» che evidentemente si sono decise «a sopportare i carichi di allenamento a cui si sottoponeva quell'enorme pugliese che risponde al nome di Pietro Paolo Mennea», anche se non ancora del tutto, il che ci dice che di margine per i record del mondo ce n'è ancora. A iosa.

Quando smisi di gareggiare, un giornalista chiese a Carlo Vittori: «Ora che Mennea si è ritirato, chi le piacerebbe allenare?», Vittori rispose che non avrebbe mai allenato Livio Berruti, perché: «Non era il frutto di un ambiente e perché non avrebbe mai accettato il lavoro che gli avrei proposto di svolgere». «E Wells?». «È un grande campione. Fisicamente meglio di Mennea. Basta guardarlo. Lo allenerei volentieri anche perché viene da un ambiente assai sviluppato sul piano della cultura sportiva».

Ma è il proseguimento di questa risposta che ci ha fatto, ci fa e ci farà pensare negli anni futuri: «E comunque allenerei ancora uno come Mennea, perché ho il rimpianto di non aver fatto tutto. Se avessimo potuto programmare come si deve gli appuntamenti non gli avrei fatto fare il Mondiale nel 1979 a Città del Messico, ma glielo avrei fatto raggiungere dopo le Olimpiadi. Sono sicuro che avrebbe corso in 19"50 i 200 metri. E non solo: senza la responsabilità del record messicano avrebbe partecipato ai Giochi di Mosca con più serenità e avrebbe vinto anche i 100 metri. Ma a Nebiolo interessavano le Universiadi…» e, aggiungo io, non solo quelle. Come poi si è abbondantemente visto.

Credo sia estremamente significativo che un allenatore come Vittori, con tutto quello che insieme abbiamo ottenuto, porti ancora con sé l'insoddisfazione di aver potuto tirar fuori solo una parte del mio potenziale tecnico agonistico. Alcuni ritenevano che, tra la fine degli anni Settanta e l'inizio degli anni Ottanta, il record mondiale dei 100 metri fosse più alla mia portata di quello dei 200. Forse sbagliavano.

Del resto, se avessi avuto qualche opportunità di correre i

100 metri in condizioni al limite di vento a favore, sarei potuto diventare il primo uomo al mondo a dominare completamente lo sprint dopo Ray Norton (per qualche mese primatista mondiale sia dei 100 sia dei 200 metri con 10''1 e 20''5 nel 1960, prima del 10''00 netti di Harminy Hary).

Al di là di tutti questi «se», il concetto che di questo dialogo è importante salvare è che il mio potenziale sia ritenuto da Vittori come espresso solo in parte. In effetti, rileggendo col senno di poi quegli anni di lavoro, i margini di miglioramento dal punto di vista tecnico-agonistico c'erano. Lo stesso Vittori sostenne che per quanto riguardava gli allenamenti avevo espresso il 75% delle mie possibilità. Io aggiungerei una precisazione: avevamo espresso il 75% delle possibilità di comporre un programma di allenamento efficace.

Quel 25% rimasto inesplorato o intentato è il territorio del rimpianto e sta lì a dimostrare quanto ruolo giochino la metodologia dell'allenamento e la costanza del lavoro e anche la capacità, la profondità e la sincerità di comunicazione, aggiungerei oggi.

Chiunque vorrà esaminare la mia storia sportiva, anzitutto deve rendersi conto che ciò che rende un atleta un campione è la personalizzazione della metodologia dell'allenamento che, d'altro canto e al di là di valide basi scientifiche, non può che fare riferimento all'esperienza del campo. Ho avuto buoni tecnici, che mi hanno aiutato a migliorare e che in me hanno trovato il soggetto ideale per scoprire e meglio definire i limiti psicofisici di un atleta, per poi oltrepassarli, progredendo in maniera costante. Ma chissà oggi, per un grandissimo come Usain? Chissà?

Mi sono allenato a Natale, a Capodanno, a Pasqua, seguendo tabelle stilate con cura e magari aumentando i carichi previsti in esse, se mi accorgevo di non risentirne. Ho passato giorni e giorni da solo, a Formia, in pista la mattina, in pista il pomeriggio, un po' di tv la sera e poi a dormire, senza una persona vicino, la mia casa era una stanza d'albergo, dove soggiornavo abitualmente. Quello era il mio rifugio.

Non me ne pento, è stata una scelta libera e consapevole, anche se dura. Ho resistito nei momenti più difficili, ce l'ho fatta, ne sono fiero. Ho avuto la costanza di lavorare sempre nella stessa maniera, con la stessa intensità, la stessa grinta, da quando non contavo nulla a quando ogni gara era diventata un esame, una sfida, una nuova prova, un Mennea contro tutti.

Sapevo allenarmi e il mio fisico raramente mi ha tradito, la testa ancor meno. Per questo ho vinto molto e sono stato così longevo. Nonostante le caratteristiche fisiche del mio corpo, che non era proprio niente di eccezionale, è stato tirato fuori quasi il massimo. Basta guardare le cifre: quanto pesavo io e quanto pesavano gli atleti di colore americani e gli europei di punta come Eugen Ray, Valerji Borzov e Alan Wells. Tutta gente che mi sovrastava di dieci centimetri o dieci chili perlomeno. Usain Bolt è destinato, deve fare molto più di me. Me lo deve...

Tutto questo ha avuto un costo nella mia vita: 5-6 ore al giorno di allenamento per quasi vent'anni.

Lo riassumo in un episodio del 1971: per la fine dell'anno restai a Formia da solo. Il professor Vittori mi lasciò un programma di lavoro e in quei giorni fui seguito dal professor Nicola Placanica, direttore tecnico della Scuola Nazionale di Atletica Leggera. Proprio l'ultimo giorno dell'anno, il 31 dicembre 1971, mi allenò per due ore di seguito a fare andature sulla punta dei piedi sul pistino dei 50 metri. Quando terminai i polpacci erano gonfi come meloni.

La sera non rinunciai ad attendere lo scoccare della mezzanotte: seguii nella saletta della portineria, dove c'era un televisore, le trasmissioni in bianco e nero con cui Mamma Rai ci conduceva per mano sino all'anno nuovo. Alla mezzanotte brindai da solo con acqua minerale. Liscia, perché quella gassata fa male. Proprio in quella solitudine e in quella macerazione mi rafforzai nella convinzione che avrei potuto battere tutti gli altri soltanto se fossi riuscito a essere più forte di tutti, anche di me stesso.

I coniugi Ottaviani, che per decenni hanno presidiato la Scuola Nazionale di Atletica Leggera di Formia, hanno dichiarato a un giornalista: «Qui abbiamo visto passare tanti atleti e anche molti campioni, ma uno solo è stato un vero fuoriclasse. Non solo per i risultati, ma per l'applicazione continua. Vedi quel sentierino prima del boschetto? Lo ha fatto lui, percorrendolo ogni giorno. Arrivava alle tre del pomeriggio, borsone in spalla, e se ne andava quando era ora di cena. Quello che ha ottenuto se l'è meritato». Tutto.

Quando leggerà questo passaggio del libro, Usain Bolt capirà da solo quanto margine di miglioramento giaccia ignorato in un corpo come il suo e quanto potrebbe sconvolgere ulteriormente il mondo della velocità se facesse suo uno stile di vita «alla Mennea».

Gli entrerà in testa. In fondo questo libro è per lui, non solo per preparare e magnificare il passaggio. Deve capire, è intelligente, duttile, creativo.

7
L'incontro

Ha un po' di Larry Black, ma meno massiccio. Può ricordare Steve Williams, ma ancora di più Steve Riddick o James Gilkes. Dopo tanto inseguire, eccomi davanti a Usain Bolt.

È il 24 maggio 2011, siamo finalmente a Roma, presso la Casa del Cinema a Villa Borghese. La sera si disputerà il Golden Gala, il meeting nato all'indomani dei Giochi olimpici di Mosca. L'albo d'oro della riunione si apre con il mio nome, perché in quella sera del 5 agosto 1980 vinsi i 200 metri. Questa, invece, è la prima volta in assoluto in Italia per il re dello sprint.

Mi rendo conto che ho bisogno in qualche modo di classificarlo, di ricondurlo a parametri umani già incontrati, di scomporlo in fattori primi fisici o tecnici che mi permettano di associarlo ad altri atleti. Ma fatico, in realtà, perché è innegabile che, solo a guardarlo così, quando ancora è vestito di jeans e maglietta, vanti un'unicità di fisico dovuta essenzialmente all'altezza. E di colpo capisco che in lui c'è qualcosa anche di Tommie Smith o così, forse, mi piace pensare. E anche di Carlos. Sarà mica una pantera nera, dentro ne ha tutte le movenze...

Lanciato, Tommie Smith diventava imprendibile per chiunque. Lo chiamavano «Jet», proprio perché, non appena gli riusciva di mettere in moto le lunghissime gambe, decollava e in gara non ce n'era più per nessuno. Proprio come Bolt.

Forse sono io che voglio vedere questa rassomiglianza, adesso che tocca a me il ruolo del vecchio primatista in disarmo, alla rada del tempo passato, che conosce il nuovo detentore. Come ho già raccontato, dopo che mi ha detto che avrebbe desiderato che anche i suoi record durassero quanto i miei, abbiamo riso e ci siamo abbracciati. Non era facile parlarsi, con le nostre voci affogate dalle raffiche degli scatti e con i visi abbagliati dai flash. Era tutto un «Di qua, Pietro», «Usain, per favore», in una confusione montante generata da giornalisti, ma anche ragazzini, signori e signore attempate. Tutti volevano vedere da vicino il nuovo fenomeno della velocità.

Prima del Golden Gala, lo sponsor tecnico di Usain Bolt, la Puma, a cui dopo si era unita la «Gazzetta dello Sport», ha deciso di organizzare l'incontro tra me e il giamaicano, cioè tra il passato della velocità e il presente (e probabilmente il futuro) di questa disciplina sportiva. Un giorno mi ha telefonato l'addetto stampa della Puma, Alessandra Orsini, e mi ha prospettato questa iniziativa, cui ho deciso di aderire a condizione che l'azienda donasse alla Fondazione, che porta il mio nome e che presiedo, degli oggetti autografati del campione giamaicano e di altri atleti che sponsorizzano e che sarebbero serviti a raccogliere fondi per le iniziative benefiche di cui la Onlus si fa portatrice, mentre alcuni memorabilia di Usain andranno a far parte di un museo che la Fondazione stessa ha in progetto di realizzare.

L'impressione mia è che sia stato per molti un incontro emozionante: l'ex primatista mondiale dei 200 metri e la nuova leggenda dello sprint, l'uomo che ha spostato forse 40 anni avanti i confini della velocità e che ne ha riscritto la storia.

Il giorno dopo ho letto le cronache dell'incontro: alcuni giornalisti avevano adottato il termine «toccante» per descrivere l'abbraccio tra Usain e me. Era una prima assoluta. A Bolt ho regalato il mio libro: *19''72 – Il record di un altro tempo* e una t-shirt con riportato quel risultato che è nella storia della mia vita.

Altri hanno scritto: «Pietro non sfigura. Ha nelle mani il suo libro: *19''72*, la cifra che nel settembre 1979 lo ha reso immortale insieme al titolo olimpico di Mosca 1980. Lo regala al giamaicano, forse in quelle pagine Usain troverà ancora qualcosa da imparare...».

Io ero curioso di incontrare l'atleta che resterà il simbolo della velocità per ancora diversi anni e che ha risvegliato l'atletica: per la finale dei 100 metri alle Olimpiadi di Londra, vi sono ben oltre un milione di richieste per l'acquisto dei biglietti. A tal proposito, Bolt ha dichiarato: «Tutti i miei amici giamaicani vogliono essere a Londra e anche tutti quelli che mi hanno visto a Pechino. Io smuovo, ma sono condannato a fare record, altrimenti chi viene a vedermi si sente derubato».

Come l'aver incontrato Tommie Smith mi fu d'aiuto per la mia crescita umana e agonistica, spero che dal nostro incontro Bolt possa trarre qualche spunto, non dico per migliorarsi dal punto di vista agonistico, ma per la sua crescita umana. Non nego che poi siamo diventati amici.

8
Parlano i numeri

Coppi o Merckx? Pelé o Maradona?

È forte in ogni disciplina la tentazione di arrivare a capire chi sia il migliore tra i miti di stagioni diverse. Il verdetto è quasi sempre legato all'età di chi tenta il confronto, perché spesso il valore dei grandi atleti diventa un elemento di identità generazionale. Trovo questa debolezza al tempo stesso comprensibile e legittima. Ci piace pensare che sia il più forte quel campione che ha dato il meglio di sé quando anche noi eravamo al meglio, perché giovani, nel pieno dell'esuberanza fisica e magari anche della felicità. Il campione preferito spesso è tale perché alle sue imprese sono legati ricordi di grandi emozioni. Alla fine, anche il giudizio più seriamente impostato, basato su statistiche e conoscenze tecniche, finisce per essere condizionato dall'emotività. Guai a perderla, questa debolezza che produce imperfezione, perché in essa è racchiusa l'anima vera dello sport, che se smette di provocare emozione smette di offrire agli uomini la propria unicità e rischia di ridursi a uno spettacolino come tanti altri: artificiale, eterodiretto, falso. Un circo, non una guerra pacifica, scandita da regole precise, universalmente accettate.

Nel tentativo di redigere una classifica di valore tra campioni di diverse epoche, che non si sono mai incontrati, l'unico elemento oggettivo consiste nel valutare quanto ognuno di loro abbia inciso sul proprio periodo. Va da sé che anche questo è un elemento soggetto a variabilità, perché la supremazia, l'egemonia di uno sportivo dipende anche dal valore degli avversari, che, se di spessore, risultano al tempo stesso scomodi e utili, perché impediscono al campionissimo di accontentarsi e lo stimolano ad andare oltre, ogni volta.

Fino all'avvento di Bolt, la mia grande soddisfazione consisteva nel fatto che nessun velocista aveva inciso così tanto sulla propria epoca come avevo fatto io sulla mia. Nessuno è mai riuscito a disputare quattro finali di seguito nella velocità e sulla distanza dei 200 metri ai Giochi olimpici.

Nel 1980 ho corso la distanza dei 200 metri 16 volte, considerando anche i turni eliminatori. La media dei migliori dieci risultati è stata di 20''17. Se si esclude l'ultimo tempo, la media diventa di 20''08, cioè la miglior prestazione dello statunitense La Monte King, che mi seguiva nella lista mondiale stagionale. Quell'anno sono rimasto imbattuto sulla distanza dei 200 metri e tutti i tempi da me ottenuti sono stati conseguiti a livello del mare. La comparazione con gli atleti del passato deve essere necessariamente evitata, poiché ognuno ha influito sull'epoca in cui ha gareggiato. Jesse Owens, Tommie Smith, Valerij Borzov, Donald Quarrie, per citarne alcuni, hanno caratterizzato le rispettive epoche.

Non si può fare una graduatoria, ma la realtà ci dice che, degli atleti menzionati, nessuno è riuscito a sfruttare le proprie capacità così come ho fatto io.

Fino a ora, al presente che Usain Bolt si appresta a sconvolgere. La sua carriera sportiva è iniziata nel 2001 e dieci anni dopo, alla fine del 2011, conta già due Olimpiadi (Atene 2004 e Pechino 2008) e tre campionati mondiali (Osaka 2007, Berlino 2009, Daegu 2011). In atletica più della parola e degli umori parlano le cifre e se si prendono in esame i 200 metri e i 100 metri dell'atleta giamaicano si evince che fino alla fine della stagione agonistica 2011 ha corso i 200 metri 46 volte sotto i 20''30, 23 volte sotto i 20 secondi e 2 volte sotto i 19''30. Come già detto, Bolt, è l'unico atleta juniores a essere sceso sotto i 20 netti, quando, all'età di 18 anni, ha corso la distanza dei 200 metri in 19''93 (record mondiale juniores). Sui 100 metri, alla fine del 2011, vanta 28 gare chiuse sotto i 10 netti.

Michael Johnson, suo predecessore nel detenere il record mondiale sui 200 metri, nella decennale carriera è stato capace di correre la distanza per ben 24 volte sotto i 20 secondi, tra il record mondiale (19''32) di Atlanta e il 20''01 di Villaneuve d'Asc, corso il 29 giugno 1996. Johnson nella sua carriera sportiva è riuscito a conquistare nove titoli iridati fra gare individuale e staffette, e cinque medaglie d'oro alle Olimpiadi.

A proposito della carriera di Michael Johnson, che è considerato uno dei maggiori specialisti della distanza, qualcuno si è permesso di evidenziare che nonostante possa vantare di essere stato il detentore di un record così importante come il 19''32, la sua media di risultati sarebbe dovuta essere migliore: dopo il crono del record, solo le prime cinque prestazioni sono al di sotto dei 19''83. Chi ha realizzato sui 200 metri il tempo di 19''32, dovrebbe quasi in ogni gara cui partecipa correre la distanza con tempi al di sotto dei 20 netti. Michael Johnson, il 1° agosto 1996 con 19''32 alla media di 37.267 km orari, ha stabilito un record incredibile che è durato 12 anni e 19 giorni, fino al 20 agosto 2008.

Quando venne battuto questo record, molti appassionati di atletica dichiararono di aver escluso dai propri pensieri la possibilità che durante la loro vita qualche altro atleta avrebbe potuto superare quel limite. Nessuno aveva previsto l'arrivo del «ciclone» Bolt, che ha portato la velocità in un'altra dimensione, aprendo una nuova era della velocità nell'atletica leggera.

Ma nel finale della stagione 2011, al meeting Memorial Ivo

Van Damme di Bruxelles, Yohan Blake, campione mondiale dei 100 metri a Daegu, ha corso in modo impeccabile una gara di 200 metri che lo collocherà nella storia della velocità e tra i sicuri protagonisti di questa disciplina sportiva a partire dai Giochi olimpici di Londra.

Aiutato da una pista veloce, Blake ha corso la distanza in un fantastico 19''26, a soli 7 centesimi dal record di Bolt, facendo meglio del 19''32 di Michael Jonhnson.

Oggi è Blake a detenere la seconda migliore prestazione su questa distanza.

Dopo i Mondiali di Daegu diventano 8 le medaglie d'oro che Bolt ha conquistato in grandi eventi (5 ai Mondiali e 3 alle Olimpiadi), a cui si devono aggiungere 7 record (3 nei 100 metri, 2 nei 200 metri, 2 nella staffetta 4x100).

Con il record mondiale stabilito nella 4x100 dalla Giamaica ai Mondiali di Daegu, Bolt mette in cantiere il suo settimo record del mondo: 3 nei 100 metri (9''72 prima dei Giochi Olimpici di Pechino; 9''69 conseguito nella finale olimpica cinese e 9''58 ai Campionati mondiali di Berlino 2009), 2 nei 200 metri (19''30 a Pechino 2008 e 19''19 ai Mondiali di Berlino 2009). Infine due nella staffetta 4x100 (37»10 nella finale olimpica a Pechino 2008 e 37»04 ai Mondiali di Daegu 2011).

La fama di Bolt si basa anche su questi folli record consecutivi conseguiti, che non saranno alla portata di molti per diversi anni e, forse, per diverse generazioni di atleti.

Nel novembre 2011, la Iaaf ha designato Bolt «atleta dell'anno 2011», premio vinto dal campione giamaicano per la terza volta in quattro stagioni.

Anche questo riconoscimento è un record che potrà essere battuto probabilmente solo dallo stesso Bolt.

9

Il futuro di Bolt

Un quattrocentista, forse di valore analogo a quello già espresso su 100 e 200 metri. Un atleta ancora una volta in grado di riscrivere la storia della specialità.

Questo è lo scenario del possibile futuro di Usain Bolt.

Ci si è chiesti a quali specialità si dedicherà nel quadriennio che precederà i Giochi olimpici di Rio de Janeiro 2016. Ci si dovrebbe innanzitutto chiedere se le motivazioni dell'atleta rimarranno intatte, identiche a quelle che l'hanno accompagnato fino alle Olimpiadi londinesi.

Il suo futuro agonistico è sui 400 metri piani, a patto che si alleni bene e metta da parte le velleità in altre discipline sportive. Quando la stagione dell'atletica è ferma, qualche giornalista si diverte a stuzzicare Bolt, a cui piace il football, dicendogli che lo vedrebbe bene come calciatore, ma sia Bolt sia i giornalisti dimenticano che i fondamentali delle discipline sportive si imparano da bambini, non a 24-25 anni. È vero che si sta parlando dell'uomo più veloce del mondo, ma per diventare un buon calciatore c'è bisogno di altro.

Usain, fino a Londra 2012 può ancora dominare i 100 e 200 metri, poi potrebbe dedicarsi ai 400, ma dovrà imparare a soffrire, perché i 400 sono sofferenza allo stato puro. E gli 800? Sarebbe una mutazione genetica epocale. Mi ricorda Sandrino Mazzola, che da bravissimo attaccante si trasformò in grande mezz'ala e in Mexico 70… Che ci riserverà il futuro?

Questi appena descritti, secondo me, saranno i due aspetti, più psicologici che fisici, cui Bolt dovrà dedicare da subito le proprie energie una volta mandate in archivio le gare olimpiche di Londra: rinnovare le motivazioni e imparare a soffrire.

Quando ci si pone un obiettivo da raggiungere è necessario verificare «quanto piacere è legato all'idea di raggiungere quell'obiettivo e quanto dolore è legato all'idea di non raggiungerlo e che prezzo si è disposti a pagare».

Per Bolt, nel momento in cui deciderà di dedicarsi ai 400 metri, la motivazione sarà legata al modo in cui dirigerà la sua attenzione verso l'obiettivo e alle emozioni generate da questa gara. Alla molla dell'orgoglio personale. *Over the top*. Vorrà continuare a stare lì. Sono lunghi, altri 4 anni di duro allenamento.

Può migliorare ancora molto, soprattutto sulla resistenza lattacida, e questo miglioramento gli potrà essere utile quando deciderà di dedicarsi al giro di pista, che non a caso negli Stati Uniti, storica patria della maggior parte dei grandi interpreti di questa distanza, viene chiamato «il giro della morte».

In un'Olimpiade o in un Campionato mondiale, puntare a centrare l'accoppiata 200 e 400 metri significa raggiungere una grande impresa che in passato, in campo maschile, è riuscita solo a Michael Johnson, quando ad Atlanta, nel 1996, riuscì a vincere le due medaglie d'oro nei 200 metri con il tempo di 19''32 (record mondiale) e nei 400 metri in 43''49. Si rientra a grandi passi nella storia.

L'egemonia del corridore texano sul doppio terreno dei 200 e dei 400 metri era cominciata molto prima dei Giochi del 1996. Da alcuni anni era il dominatore assoluto delle due distanze. Un mese prima dei Giochi olimpici, agli Olympic Trials, vinse sia i 400 metri (43''44) sia, quattro giorni dopo, il 23 giugno, i 200 battendo una prima volta il mio record mondiale con 19''66 (vento +1,7 m/s).

A questo punto, cogliendo al volo l'occasione della straordinaria visibilità conquistata con quel risultato, sostenuto dal suo manager-agente si rivolse alla Iaaf per ottenere una revisione degli orari olimpici di Atlanta, tale che gli diventasse possibile correre sia i 200 sia i 400 metri.

L'organismo internazionale accolse la richiesta di Johnson e modificò l'orario in modo che i vari turni delle due gare non si sovrapponessero. Johnson ad Atlanta si aggiudicò facilmente anche i 400 metri in 43''49 (con parziali sui 200 metri di 21''22 e 22''27), realizzando così un'accoppiata incredibile che rimarrà nella storia della velocità.

La finale dei 200 metri si disputò tre giorni dopo quella dei 400, il 1° agosto. Johnson conquistò la medaglia d'oro con l'incredibile tempo di 19''32. Visto questo precedente, al giamaicano non dovrebbe risultare difficile chiedere un'eventuale revisione dell'orario delle gare olimpiche che gli permetta di correre i 200 e i 400 metri.

Puntando a questa nuova impresa, Bolt troverebbe nuove motivazioni e un eventuale successo pieno (vittoria olimpica e record mondiale sui 400 metri), lo collocherebbero,come lui desidera, tra le leggende di questo sport. Il più grande di tutti i tempi.

Allenare un atleta per la distanza dei 400 metri rimane un lavoro difficile, ma diventa meno impegnativo se si ha tra le mani un duecentista resistente, perché questo tipo di velocista, infatti, anche quando non è allenato specificamente per il giro di pista, lo riesce a correre piuttosto bene.

A tal proposito vale l'esempio della mia carriera agonistica, dove, da duecentista, sono riuscito a vincere un Campionato europeo indoor (a Milano, nel 1978) e nell'estate di quello stesso anno, ai Campionati europei di Praga, alla mia decima gara in sei giorni, ho corso la distanza in staffetta con il tempo di 44''2. Una prova altrettanto buona la fornii a Mosca, quando dopo tre turni nei 100 metri, quattro nei 200 con annessa vittoria e qualche festeggiamento, sono risultato il più veloce dei 32 finalisti della 4x400 e ho coperto la distanza in 44''87.

Se il giamaicano dovesse maturare la decisione di individuare nei 400 metri il banco di prova del proprio futuro agonistico, anche in questa disciplina potremmo assistere a qualcosa di strabiliante. Il record mondiale di 43''18 è alla portata di Bolt. A proposito del futuro di Usain nei 400 metri, Michael Johnson ha detto che oggi il giamaicano è troppo forte nelle gare dei 100 e 200 e che lo vedrebbe impegnato su questa distanza fra qualche anno, vista la giovane età. Secondo lui quando non avrà più stimoli sulle distanze brevi, allora potrà pensare ai 400 e se si dovesse allenare bene, potrebbe battere il suo record e diventare il primo atleta a infrangere la barriera dei 42 secondi nonché porsi nella storia come il primo uomo capace di detenere il record mondiale sui 100, 200 e 400 metri. E anche 800, dico io.

Tutto ciò potrebbe accadere quando il giamaicano avrà 30 anni, che, per quello che si sa oggi della velocità a livello fisiologico, non è più considerata un'età avanzata.

Mike Larrabee, atleta bianco californiano di Los Angeles, che vinse i 400 metri alle Olimpiadi di Tokyo 1964, ha detto che la maturità fisica di un'atleta si raggiunge intorno ai 33 anni. Dopo aver vinto a 31 anni la medaglia d'oro olimpica continuò ancora a correre.

Io stesso posso affermare di aver spostato in avanti la fascia d'età di elevato rendimento di uno sprinter: prima di me, nella velocità, un atleta era considerato vecchio già a 25-26 anni. Il 28 luglio 1980, a 28 anni, vincendo la medaglia d'oro olimpica sui 200 metri ai Giochi di Mosca, sono diventato l'atleta più vecchio a vincere il massimo alloro olimpico sulla distanza.

Lo stesso Michael Johnson ha battuto il mio record sui 200 metri all'età di 29 anni.

Sono molti gli atleti che hanno vinto qualcosa di importante oltre la soglia dei trent'anni: Linford Christie, britannico, ma originario della Giamaica, vinse la medaglia d'oro sui 100 metri alle Olimpiadi di Barcellona 1992 a 32 anni, diventando il più anziano olimpionico sui 100 metri della storia. Con ironia qualcuno, ricordando che Carl Lewis era soprannominato «il figlio del vento», ribattezzò Christie «il nonno del vento». A proposito del suo futuro sportivo, Bolt ha dichiarato che i Giochi del 2016 in Brasile saranno le sue ultime Olimpiadi e non si considera quel tipo di atleta che si dedica alle competizioni sfidando il tempo, come in precedenza ha fatto la sua connazionale Marlene Ottey. Vuole uscire di scena mentre è ai vertici mondiali e possibilmente conservando anche l'imbattibilità.

Non correrà oltre i 32 anni per nessun motivo, dice oggi, anche se gli offrissero 50 milioni di dollari, non lo farebbe e ha tenuto a ribadire che non sarà più un agonista quando il suo fisico non gli consentirà di essere all'altezza della sua fama. Ma ha ancora molto da dire allo sport mondiale. Se Bolt sarà in grado di rinnovare le sue motivazioni potrebbe invece, secondo me, puntare a vincere solo i 400 metri alle Olimpiadi del 2020. Questo progetto non sembra un'utopia, ma un traguardo alla sua portata e, se dovesse realizzarsi, allora sì che si potrebbe parlare di lui come di una leggenda. E poi, si sa: che l'uomo si evolve, che tutto cambia, che l'appetito vien mangiando...

L'uomo Bolt, invece, non sa cosa farà quando smetterà con lo sport. Negli anni che ancora lo separano dall'addio alla pista proverà a trovare qualcosa di veramente interessante ed è convinto che qualsiasi cosa farà, susciterà molta attenzione.

«Fin qui la mia vita è già stata un viaggio affascinante. Stiamo a vedere quale sarà la prossima tappa».

10
Futuro e limiti nella velocità

Il mondo evolve in continuazione attraverso soluzioni sempre migliori nella capacità di traghettare dall'impossibile al possibile o anche solo dal lento al veloce le tante stanze della condizione umana. Molti si chiedono se ciò può accadere anche per il nostro corpo. Quali sono i limiti dell'essere umano?

Anche la possibilità umana di prestazione ha subito e subirà miglioramenti, dalle piste sempre più reattive ed elastiche, alle scarpe ben diverse da quelle che usavo io quando ho battuto il record mondiale dei 200 metri. Inoltre migliorano le metodologie di allenamento e l'alimentazione di interi ceti sociali.

Al momento della stampa di questo libro, il record mondiale dei 100 metri è di 9''58, che significa aver percorso la distanza a una media di oltre 37 chilometri orari circa, mentre nei 200 metri il record è di 19''19. Il record dei 200 metri è detenuto dal giamaicano Usain Bolt, che all'età di 25 anni è stato capace di realizzare nella sua carriera ben 46 prestazioni cronometriche al di sotto di 20''30, la cui punta di diamante è il record mondiale di 19''19 realizzato nei Campionati mondiali di Berlino 2009. Bolt sino ad ora ha dimostrato di essere il miglior specialista dei 100 e 200 metri, infatti nessuno può vantare una media complessiva di prestazioni sulle distanze come lui; è destinato a diventare il più forte velocista della storia

Però, va anche posto in evidenza, che questi record sono frutto di un'atletica spettacolo.

«I margini di miglioramento della velocità vanno sempre più affievolendosi», ha dichiarato il professor Antonio Dal Monte per molti anni direttore dell'Istituto di Scienze dello Sport del Coni.

«In passato gli spazi di manovra erano più ampi, inizialmente gli atleti erano pochissimi e si poteva così pescare in un bacino di popolazione molto più vasto per scoprire nuovi talenti; c'erano poi grandi margini di perfezionamento delle tecniche e delle metodologie di allenamento, oggi questi spazi non ci sono e ineluttabilmente, a mano a mano che si va avanti, i miglioramenti sono sempre più marginali e difficili da ottenere. Questo, purtroppo alimenta la tentazione di pratiche illegali e pericolose».

Molti non concordano con quanto sostenuto dal professor Dal Monte e controbattono che, se non si fermano i dirigenti, i medici e gli atleti, che fanno uso di doping, è inutile lavorare sul perfezionamento delle tecniche e delle metodologie di allenamento. Purtroppo la pratica del doping nelle specialità di sprint dell'atletica leggera non è un'ipotesi, ma una triste realtà confermata dalle positività e dagli scandali che hanno colpito numerosi velocisti di grande nome. Se metto a confronto il mio record con l'abuso farmacologico che ha caratterizzato le corse di velocità negli oltre trenta anni trascorsi da quando fu conseguito, devo dire che mi appare sotto un'altra luce. Infatti, quanti atleti sono riusciti a fare meglio? Pochissimi, nonostante il tanto tempo trascorso.

Che contrasto stridente c'è, però, tra l'esiguo numero di atleti che sono stati capaci, da allora, di correre i 200 metri in meno di 19''72 e l'enorme margine con il quale Michael Johnson e Usain Bolt hanno battuto il mio record. E che classe!

Molti dei dirigenti sportivi, in tutti questi anni, hanno permesso che, illecitamente, si potessero raggiungere prestazioni sportive che sono considerate dubbie e che saranno battibili in futuro solo con metodi altrettanto discutibili.

A tutto c'è un limite, anche nella velocità, infatti, molti studiosi di fisiologia dello sport si chiedono se arriverà il momento in cui non ci sarà più modo di battere i primati nello sport e quindi nella velocità.

Secondo una ricerca dell'Istituto di Epidemiologia dello Sport di Parigi, conta parecchio l'età degli atleti: analizzando le performance di 2000 professionisti di 25 specialità, i ricercatori hanno stabilito che il record personale si può raggiungere attorno ai 21 anni, nel nuoto, e 26 nell'atletica. Poi le performance sono destinate a calare.

Poi è arrivato Bolt con i suoi record 9''58 e 19''19 e di conseguenza fra qualche anno inevitabilmente spunterà un super-atleta destinato a batterli.

Molti si chiedono se in futuro spunterà davvero il nuovo Usain Bolt in grado di battere questi record. Secondo uno studio coreano pubblicato sull'«International Journal of Applied Management Science», possiamo aspettarci qualche nuovo record sui 100 metri di corsa e di nuoto dalle Olimpiadi di Londra 2012 e forse da Rio 2016, ma dopo sarà difficile che arrivi un nuovo Usain Bolt a farci emozionare.

A proposito dei limiti dello sprint, Bolt ha dichiarato:

«Non si possono prevedere i tempi nella velocità. Gli esperti dicono che potrei scendere a 9''40 sui 100 metri e sotto i 19'' sui 200 metri. Io penso ad allenarmi duramente ogni giorno per migliorarmi e per far sì che possa rimanere un vincente a lungo. Ecco, penso solo a preparare al meglio le gare per vincerle, niente più».

Usain Bolt, oggi ha spostato nella velocità la barriera da battere che nei 100 metri è di 9''50 e nei 200 è di 19''00. Il primo a infrangere questi limiti sarà proprio lui, e in un prossimo futuro non vedo atleti in grado di impensierirlo e di mettere in forse la sua leadership nella velocità. Se dovesse mantenere la competitività ancora per alcuni anni è destinato a diventare il più grande velocista di tutti i tempi.

Qualcuno ha rimproverato a Usain Bolt di aver ucciso la velocità. È stato detto anche che Usain Bolt è il velocista di domani che si trova per caso a correre oggi.

A proposito dei suoi limiti, Usain ha detto «I 9''40 sono nelle mie corde. Non si può essere certi del quando e del dove, ma è nelle competizioni più importanti che prendo la faccenda sul serio e salgo alla ribalta. È lì che ci si gioca tutto, e non ho intenzione di lasciare che qualcun altro si appropri dei miei titoli: perciò le Olimpiadi di Londra sono l'occasione in cui probabilmente accadrà».

L'atleta Bolt è consapevole che per portare il limite da 9''58 a 9''40 dovrà ancora lavorare, che quel giorno dovrà effettuare la gara perfetta, cioè della vita, e che per raggiungere quell'obiettivo quel giorno dovrà dare il massimo fino alla fine della gara. In tutti questi mesi dovrà riservare una particolare attenzione alla partenza, un po' il suo lato debole, oggi come oggi.

Bolt ha dichiarato: «Tuttavia è probabile che ci sia un limite alla velocità di corsa del corpo umano: non vedo come il record dei 100 metri potrà mai scendere al di sotto dei 9''40. È impossibile, credo, fare i 9''20, il corpo non è strutturato per andare così veloce, indipendentemente da quanto duramente ti alleni, da quanto sia buono il tuo stato di forma e da quanto sia perfetta la tua tecnica di corsa».

Mentre invece per quanto riguarda i 200 metri il suo sogno è quello di diventare il primo uomo ad abbattere il muro dei 19 netti.

A tal proposito alla vigilia del ventiseiesimo compleanno di Bolt, il suo allenatore Mills ha sostenuto che prima che il suo allievo raggiunga il massimo rendimento, dovrà passare almeno un altro anno, forse due. Forse tre, diciamo noi.

11
L'oro di Londra

11 agosto 2012, l'inseguimento è finito. Usain Bolt è nella leggenda. Per due volte consecutive ha vinto l'Olimpiade dei 100 metri piani, dei 200 metri piani, della staffetta 4x100. Questa annotazione potrebbe concludersi qui: la grandezza si è dispiegata sotto gli occhi di miliardi di spettatori. Cosa potrei aggiungere?

In un ideale monte Olimpo, quello che già ai tempi dei Giochi antichi fungeva da casa degli Dei, Usain Bolt passeggerebbe con Tommie Smith, entrambi ospiti di riguardo alla corte di Ermes, messaggero divino, come loro fornito di ali ai piedi.

In fondo è anche merito di Tommie se Usain ha potuto incidere nella storia un'avventura meravigliosa, che sembra rubata alla fantasia di un bravo narratore. Quel 16 ottobre 1968 Smith aveva aperto due strade: una tecnica e, soprattutto, una umana. In pista aveva dimostrato che un «lungo», pur con tutti i suoi problemi di avvio, può volare sui 200 metri utilizzando una via biomeccanica che conduce alla massima velocità umana senza passare per forza, soltanto, dalla palestra, dai bilancieri, dall'esasperazione muscolare con tutti i rischi collaterali che questa comporta, tentazione di doping inclusa. Sul podio, poi, aveva fatto sapere al mondo che il colore della pelle non può e non deve essere un limite per un uomo, per nessun uomo.

Ecco cosa posso far notare ai miliardi di appassionati che hanno acceso di attenzione le gare di Londra: se uno spilungone nero, per giunta giamaicano, per di più con la scoliosi, è arrivato a bussare alla porta della Storia per chiedere un posto tra i più grandi campioni di sempre, non solo dell'atletica, è perché è esistito quel «diciannove e ottantatré», ed è perché si è impigliato nella Memoria degli uomini quel guanto nero, alzato a pugno contro tutto quel cielo.

E io, pecora nera, anzi, bianca, in una staffetta per il resto solo nera di recordman dei 200 metri, solo quattro nomi per tutti questi ultimi 44 anni, assaporo l'onore, la gioia bambina di far parte di questa pagina dove uomini profondamente diversi si sono sottomessi alle regole esatte dell'atletica per il puro piacere di misurarsi contro i limiti umani.

Io che in questa vicenda entrai da spettatore, con quella finale dei 200 metri di Città del Messico vista dal televisore di legno e alluminio della pensione di Termoli, da spettatore, davanti a un televisore ipertecnologico, nel salotto della mia casa romana, a sessant'anni da poco compiuti ho seguito le finali della velocità di Londra.

Tra i due momenti, due mucchietti di dieci o venti secondi scarsi, sparpagliati nel mare infinito di secondi che da allora le nostre vite hanno bruciato, le differenze sono evidenti, enormi, divertenti in fondo. Tre su tutte: la qualità del mio televisore, la mia età, la considerazione di cui gode la mia opinione, che nella sera diventata notte di Termoli si era persa nello stupore rumoroso e chiacchierone generato dai miei compagni di squadra.

Dopo le cinque edizioni consecutive dei Giochi olimpici vissute da atleta, dal 1972 al 1988, ne ho così attraversate altre sei da forzato spettatore: a ogni sfida nella velocità, i giornalisti avevano preso l'abitudine di cercarmi per un commento. Tanto valeva farsi trovare preparato. Sempre, anche negli anni immediatamente seguenti al mio ritiro dopo Seoul, quando più forte era la voglia di voltare nettamente pagina dimenticandomi dell'atletica tutta.

Tornare a mordere la pista

Il telefono ha cominciato a squillare che ancora le gare dell'atletica non erano cominciate: «La posso chiamare domenica sera?», «Pietro, ti scoccia se ti chiamo domenica, dopo la finale?».

La domenica in questione era il 5 agosto, quando Bolt ha compiuto la più difficile delle tre imprese olimpiche cui era atteso: ha vinto la finale dei 100 metri piani, l'unica gara in cui era vulnerabile. Vulnerabile per le difficoltà d'avvio: tempi di reazione di solito più lenti di quelli degli avversari migliori e una struttura fisica lunga che per andare in assetto richiede più di un appoggio, specie con la schiena malconcia con cui si è presentato a Londra.

Vulnerabile per quel sedimento di ricordo della macrosciocchezza di Daegu, che deve aver riposto in un angolo del cervello, abbastanza nascosto da non fare più di tanto male, ma non del tutto rimosso, così da poter funzionare come freno al cauto gigioneggiare recitato dietro ai blocchi, aperitivo irrinunciabile per spettatori e televisioni.

Alla resa dei conti, tutta la velocità maschile individuale dei Giochi olimpici di Londra è riassumibile in questa sfida: il tentativo di eccellenti sprinter muscolari, per ciò stesso esplosivi, efficaci da subito in avvio, di guadagnare nella prima parte di gara un tale vantaggio da rendere impossibile la rimonta in progressione di un velocista resistente.

Perché questo, in fondo, è Bolt: un velocista resistente, il cui terreno naturale di espressione è nei 200 metri, e forse non solo o non del tutto.

Uno della razza mia, per intenderci, e di quella degli altri due staffettisti del record mondiale dei 200 metri, Tommie Smith e Michael Johnson.

Condivido con il paziente lettore questa riflessione: cosa avrei fatto io, Pietro Mennea, se fossi stato un avversario di Usain nella finale olimpica dei 100 metri piani di Londra 2012? Al colpo di pistola avrei fatto di tutto per metterlo in difficoltà, puntando a rendere gravi i suoi limiti, tutti concentrati nella prima parte della competizione, da zero a quaranta metri. Avrei cercato, per cominciare, di sparare un tempo di reazione fulminante e subito dopo, a costo di ridurre di qualche centimetro l'ampiezza di ogni passo, avrei lasciato i miei tendini liberi di lavorare verso un'accelerazione folle, al limite dei problemi di assetto, ritardando di qualche appoggio l'assunzione della corretta postura di avanzamento per lasciarmi sbilanciare ancora per qualche centesimo di secondo alla disperata ricerca di un po' di effetto volano in più. Il Mennea che gelò Borzov all'Arena di Milano, per intenderci, il 16 giugno 1972, inchiodandolo a un pari merito da dieci netti, record europeo, a due mesi e mezzo dai Giochi olimpici di Monaco di Baviera.

Peccato, per loro, che tutto questo lo abbia fatto proprio Bolt, che si è comportato fin da subito come il peggiore, il più ostico dei suoi avversari.

Nei tempi di reazione è risultato solo quinto (il più veloce a uscire dai blocchi è stato Tyson Gay), ma fin da quegli iniziali istanti Usain ha trasmesso un senso di controllo della situazione che è stato forse l'elemento davvero nuovo della finale londinese rispetto a quanto visto negli altri due momenti magici della sua carriera, Pechino 2008 e Berlino 2009.

Nei primi appoggi abbiamo assistito alla straordinaria accelerazione di Asafa Powell, che si è però presto indurito lasciando scappare avanti Justin Gatlin. Il tutto quando si era ancora ai 45 metri. A quel punto è cominciata la gara vera, perché sono entrati in scena Blake e Bolt. Per il delfino l'illusione di avere la corsa in pugno è durata un attimo, il tempo che Usain dispiegasse la falcata piena con un'elasticità nell'avanzamento davvero impressionante. Dai 60 agli 80 metri ha messo una barriera di centesimi tra sé e Blake, e ha vinto in 9''63, il secondo miglior tempo della sua vita, nuovo record olimpico. Il tutto in una finale di spessore tecnico mai visto, con sette atleti al di sotto dei 10 secondi e un ottavo, Powell, che sicuramente ci sarebbe sceso, se non si fosse di nuovo infortunato all'adduttore della coscia destra, croce di tutta la stagione.

Nelle sequenze al rallentatore, la faccia in primo piano di Usain tradiva sofferenza e preoccupazione: denti digrignati a scoprire le gengive, occhi da voglia che il supplizio finisca presto. Il suo corpo, al contrario, sembrava posseduto dal demone della perfezione: potenza ed elasticità, azione continua, nessuna incertezza negli appoggi, contrazione muscolare solo nella fase della spinta, richiamo immediato della gamba che con un effetto fionda si catapulta ad avanzare a ginocchio alto verso una nuova, immensa apertura di passo.

«Guarda Pietro, guarda qua...» avrebbe detto Vittori rivedendo questa gara, se Bolt fosse stato il mio avversario. Avrebbe poi probabilmente buttato nel cestino le riviste con le immagini di Borzov, quelle con cui mi tormentava, perché per lui rappresentavano l'esempio del perfetto velocista, da cui, agli occhi suoi, io apparivo lontano, soprattutto per via delle smorfie che mi si stampavano in faccia durante la corsa.

Caro professore, ha visto quante smorfie ha fatto Bolt? Eppure vola!

E vola in una finale in cui volano tutti. L'editore di queste pagine, che teme la mia mania statistica, carica com'è di rischio noia, mi permetterà di ricordarli, questi otto straordinari protagonisti:

1. Usain Bolt (Giamaica) 9''63
2. Yohan Blake (Giamaica) 9''75
3. Justin Gatlin (USA) 9''79

4. Tyson Gay (USA) 9''80
5. Ryan Bailey (USA) 9''88
6. Churandy Martina (Olanda) 9''94
7. Richard Thompson (Trinidad) 9''98
8. Asafa Powell (Giamaica) 11''99

Visto tutto questo, nelle telefonate di quella tarda sera di domenica 5 agosto ho ritenuto opportuno articolare così la mia opinione:

• «La velocità nell'atletica fa progressi, non si ferma mai: questa è stata la finale olimpica più veloce di sempre. Sette atleti sotto i dieci secondi non si erano mai visti. Sette che con certezza sarebbero stati otto, se Asafa Powell non si fosse infortunato»;

• «Bolt ha ipotecato la vittoria fin dall'avvio: si è comportato meglio del solito nell'uscita dai blocchi, poi è rimasto a contatto nei primi 30-40 metri con ottimi partenti come Gatlin e Blake. Nella seconda metà di gara ha potuto distendere la progressione, che è il suo punto di forza e non c'è stato scampo per nessuno. È giusto che sia lui il re della velocità, perché è di gran lunga il più forte, lo ha dimostrato a Pechino e a Londra»;

• «È ormai entrato nella leggenda dell'atletica. E nei 100 può ancora progredire, abbassando il suo stesso record del mondo di 9''58»;

• «Fino a che punto, ci si chiede? I limiti esistono, è ovvio, perché il corpo umano non può migliorare di continuo, ma Bolt può attaccare il suo record: gli ultimi studi dicono che l'uomo più veloce del mondo, nei prossimi anni, potrà arrivare a 9''40 e Bolt è senz'altro in grado di farlo. Però ci devono essere le condizioni ideali e quelle dipendono da tanti fattori, a cominciare dalle motivazioni: dopo aver trionfato in due Olimpiadi, le troverà ancora? La sfida è quella»;

• «Da ventotto anni noi italiani non entriamo in una finale olimpica, ma il perché non dovete chiederlo a me o a quelli che c'erano prima: io le mie quattro finali olimpiche sui 200 metri le ho corse, e posso assicurare che i grandi avversari c'erano anche all'epoca».

A fiamma olimpica ormai spenta, mi sono riletto queste mie dichiarazioni, pubblicate su «la Repubblica» e su alcuni quotidiani sportivi stranieri, oltre che commentate nel corso di alcune interviste a radio e televisioni, e mi sono reso conto che in quella domenica sera mi ero espresso come se la sfida di Bolt per un posto nella leggenda dello sport si fosse già conclusa. C'era in quei ragionamenti un senso di definitivo che era oggettivamente prematuro: si dovevano ancora disputare i 200 metri, dove Blake partiva tutt'altro che sconfitto, e l'infortunio di Powell, con la parallela forma ritrovata di Gatlin e di Gay, aveva appena riacceso le quotazioni di una vendetta USA nella staffetta 4x100.

Ho sempre usato prudenza nel rispondere alle domande dei giornalisti, ma in quell'occasione il mio istinto non ha voluto sentire ragioni. Parlo del mio istinto di velocista resistente, che aveva capito come quei 100 metri fossero stati le Colonne d'Ercole di Usain: vinti quelli, vinto tutto.

Era passata la grande paura di uno sparring partner che si prende la corona. E poiché un Bolt così perfetto non lo avevo visto nemmeno a Berlino, mi sono abbandonato a una riflessione. Ho rimesso in fila i rari elementi di cronaca che avevano scandito l'avvicinamento del fuoriclasse giamaicano ai Giochi olimpici: la doppia sconfitta nei Trials, due sberle di Blake che devono aver fatto parecchio male, soprattutto perché si trattava del primo rendez-vous dopo la squalifica di Daegu con annesso titolo mondiale finito al compagno d'allenamento, il correre imballato e le gravi lacune nella partenza che avevano caratterizzato le poche uscite agonistiche preolimpiche, nel corso delle quali non era mai riuscito a fare meglio del 9''76 ottenuto al Golden Gala di Roma, la defezione di Montecarlo, appuntamento sacro di Diamond League che aveva preceduto di pochi giorni l'inizio dei Giochi. A Londra era arrivato accompagnato dalle notizie del suo mal di schiena e negli incontri della stampa si era mostrato sereno ma prudente.

O prudente ma sereno?

Il dubbio mio è lì, al di là del gioco di parole: il Bolt dei quarti di finale (prima discesa in campo per lui e gli altri big, seconda per i comuni mortali della velocità), superati con uno stiracchiato «sei meno» da 10"09, e il Bolt «duepuntozero» della semifinale, chiusa invece in 9''87, sembrano due atleti diversi, con il secondo come evoluzione della vetusta versione del primo. In quel suo penultimo appuntamento olimpico della distanza più corta, mi ha stupito non per il tempo ottenuto, ma per la velocità espressa nei secondi 50 metri: piena, solida, e, a mia sensazione, comunque non ancora massimale. Un accelerare potente, ma al tempo stesso facile e bello, come non gli vedevo fare da Berlino 2009, dove non a caso arrivò il record del mondo.

Un cambio così netto ha alimentato i dubbi di una pretattica studiata: apparire vulnerabile agli occhi degli avversari, indurli a esporsi, ad abbassare la guardia, facendo crescere in loro, allo stesso tempo, la sete di sangue che toglie lucidità. Quegli avversari che invece, fin dai quarti, come gorilla che si battono il petto, avevano sparato cartucce di esuberanza da mandare come segnali agli altri pretendenti, ma soprattutto al Re sul trono, per indurlo ad abdicare.

Scusa Bolt, ma voglio tre ori era il titolo di un'intervista a Blake su un quotidiano italiano, pubblicata sabato 4 agosto e ottenuta con ogni probabilità il giorno precedente, cioè quarantotto ore prima di semifinale e finale. Poi era arrivata quell'esecuzione magistrale, quel 9''87 ottenuto finendo «in folle», a marcia staccata, come a dire: «Non è tutto, è solo il segnale che vi mando per farvi sapere che la ricreazione è finita».

Come a Kinshasa, con Foreman forsennato che picchiava e picchiava il vecchio Leone, e Cassius Clay che da dentro la guardia ogni tanto sibilava: «È tutto qui quello che sai fare, George?».

Tutto studiato a tavolino, il Bolt *double face*, prima spento e un po' imbolsito, poi di colpo rinato a nuova vita, proprio nell'ultimo momento possibile per non soccombere?

Difficile verificare che sia così. Difficile, a parer mio, che sia così.

Blake e Bolt condividono l'allenatore, anche se non gli allenamenti, non tutti almeno. Una vita da separati in pista, da quel che si sa. Nonostante questo, è davvero pensabile che Usain abbia recitato a lungo la parte dell'atleta fuori forma sotto gli occhi del suo avversario?

La mia esperienza, di nuovo, mi spinge ad adottare una diversa spiegazione.

Quella rinascita tra quarti e semifinali in qualche modo ricorda la trasformazione a cui andai incontro io a Mosca, quando, arrivato all'appuntamento della vita in condizioni precarie e dopo essere stato escluso dalla finale dei 100 metri piani (proprio io, campione europeo in carica), riuscii nell'arco di due giorni a venir fuori da una gabbia negativa di fisico e di mente, e a ripresentarmi in pista per giocarmi l'oro dei 200 metri completamente rigenerato. Chi seguì quelle mie gare dei Giochi del 1980 manifestò all'epoca per quel cambiamento lo stesso stupore che ho avvertito nei confronti del Bolt di Londra. Non ci si deve dimenticare che una delle qualità che fa la differenza tra un ottimo atleta e un campione vero, soprattutto nella velocità, è la capacità di chiamare a sé ogni risorsa disponibile nel momento più importante della stagione, rendendo in gara al centodieci per cento. Una caratteristica che è tanto più importante quanto più la condizione del momento è lontana da quella ideale. È una questione di concentrazione, innanzitutto, e poi di equilibrio mentale e fiducia in se stessi. Non è facile, non scatta sempre, non scatta in tutti.

«Devi guardarti dentro e cercare di richiamare tutte le risorse che senti ancora di possedere. Non pensare a quello che hai fatto gli altri anni, ma al massimo possibile di quello che adesso puoi tirare fuori. Le tue qualità non fisiche sono sempre state straordinarie, ne so qualcosa anch'io, e sono quelle che possono ancora fare la differenza». Così mi aveva detto Valery Borzov, al villaggio olimpico, mentre facevamo colazione, nel giorno più difficile della mia carriera. E aveva infine aggiunto: «Cerca di tornare a mordere la pista».

Grazie a Mills, o ai genitori, o a qualcun altro, o più probabilmente a se stesso, anche a Bolt, tra quarti e semifinale, dev'essere riuscito di guardarsi dentro e richiamare tutte le risorse che ancora sentiva di possedere, scoprendo quanto vaste fossero. Così anche lui è tornato a mordere la pista.

Che ci si sia riusciti in modo molto diverso, io isolandomi dal mondo e lui assordandolo, il mondo tutto, con la musica che a ogni ora pare provenisse dalla sua camera al villaggio olimpico, è in questo caso un dettaglio, legato alle differenti personalità.

Dal punto di vista tecnico, la vicenda di Usain a Londra ricorda che la condizione di forma è un'alchimia sottile, difficile da raggiungere e da conservare, e che può essere favorita involontariamente anche dalle difficoltà: il campione ha gareggiato poco prima delle Olimpiadi. Non per scelta, mi è parso di capire, ma per ritardo di preparazione e timori per avvisaglie o postumi di infortuni. Pochi impegni che, però, hanno significato anche meno trasferte e meno stanchezza.

Almeno in pista. Perché nel conto fisico e mentale del dare (la stanchezza) e dell'avere (l'energia), non va dimenticato che Bolt, a differenza di Blake e degli altri, tolte le scarpette chiodate deve infilare la maglietta Puma e il sorriso della festa per affrontare batterie di interviste, fotografie, autografi da firmare, spot da girare, scuole da inaugurare, scarpe da lanciare, prodotti da presentare, passerelle su cui sfilare (e su cui, possibilmente, ballare), eventi a cui intervenire.

E qui le scuole di pensiero divergono: c'è chi teme che tutto questo produca stanchezza e chi invece sospetta che generi energia, perché distoglie la mente dallo stress dell'attesa della gara e lo neutralizza.

Io credo che a Daegu, nei Mondiali 2011, l'intensità della vita fuori dallo stadio abbia contribuito non poco a condurre Bolt su quell'orlo di una crisi di nervi che si è fatto falsa partenza. Dopo, ingoiata e digerita l'amara lezione, deve aver imparato a far convivere l'atleta con il personaggio, e a fare in modo che il secondo sia utile al primo, anziché d'intoppo.

Il personaggio e l'atleta. Già: meglio l'uno o l'altro? Il mondo che ha guardato le Olimpiadi del 2012 sembrava più affascinato dal personaggio che non dall'atleta, e più interessato allo show che alla performance. Sembrava tributargli più ammirazione per i balletti dopo il traguardo che per il tempo fermato poco prima. Mancava solo che ci proponessero il rallenty della danza avvolto nella bandiera, ma ci siamo andati vicino: quante volte, di lì a pochi giorni, avremmo rivisto la sequenza di lui che fa finta di consegnare il testimone alla giudice di gara, al termine della staffetta?

Di più: percepivi nell'aria immobile prima del via un pensiero che ha in sé qualcosa di perverso: speriamo che vinca, così poi ci fa divertire con lo show.

Oggi tutto è spettacolo, caro Usain, e anche per questo, col carattere aperto che ti ritrovi, sei in fondo l'uomo giusto al posto giusto. Guarda Phelps: ha detto addio al nuoto dopo ventidue medaglie in tre Olimpiadi, compresa l'infilata di otto ori con cui a Pechino ha migliorato il record di sette vittorie che Mark Spitz siglò a Monaco di Baviera, nel 1972. Se ne è accorto qualcuno che il grande nuotatore di Baltimora ha detto addio all'acqua? Qualcuno magari sì, ma si tratta dei pochi che non erano assordati dalla musica che proveniva dalla tua camera.

Va tutto bene, per carità, sono le leggi del marketing e del mercato. Ho studiato e lavorato nello sport professionistico e non ne sono certo scandalizzato.

Vorrei solo guardare in faccia quei giornalisti che trovarono ridicolo il mio «ditino alzato» di Mosca, probabilmente gli stessi che oggi celebrano con dovizia di commenti entusiasti il tuo ditone che schiaccia le labbra per dire «zitti tutti, e soprattutto zitto tu, Yohan!», e che ebbero da ridire anche quella volta che, su invito dell'organizzatore del meeting di Bruxelles, dopo la vittoria feci il giro di pista per salutare i tanti emigrati che avevano pagato il biglietto probabilmente solo per poter fare il tifo per la Freccia del Sud. Era la prima volta che un atleta effettuava quel bagno di pubblico che oggi è ormai consuetudine di ogni vittoria importante.

Erano altri tempi, ne convengo. Io stesso, per quanto curioso del mondo, riconosco di appartenere a un'epoca ormai passata, una nella quale l'atleta era misurato esclusivamente in base al valore espresso nel confronto con gli avversari e con il cronometro.

Per te non cambierebbe niente: hai appena dimostrato di dare il meglio nelle sfide più difficili. Mi dispiace solo di aver avuto l'impressione che nel clamore dello show sia finito in secondo piano il valore tecnico della tua gara sui 100 metri, dove hai dimostrato che anche nella prova più corta è la progressione a fare la differenza. La tua, in quei venti metri dai 60 agli 80 in cui hai spento le speranze di Blake, sarebbe da studiare analiticamente.

Con ogni probabilità, nell'azione espressa in quel segmento hai già messo un'ipoteca sul tuo stesso record del mondo. Di progressioni simili non se ne vedeva dai tempi di Carl Lewis, che ai Mondiali di Tokyo 1991 vinse con il record del mondo (9''86) dopo essere transitato settimo su otto ai 65 metri.

Come Johnson, forse più

Di quella progressione, noi della vecchia guardia che ci nutriamo della bellezza della velocità, ne abbiamo avuto un altro sontuoso esempio quattro giorni dopo, giovedì 9 agosto, quando Bolt ha vinto anche i 200 metri correndo in 19''32, curiosamente lo stesso tempo con il quale il nostro «collega» primatista Michael Johnson aveva conquistato l'oro ad Atlanta, nel 1996.

Ha corso in settima corsia, Blake in quarta. Ai miei tempi la settima e, più ancora, l'ottava erano corsie che si sperava di non dover utilizzare, per via del poco controllo che da lì si poteva esercitare sugli avversari. L'oro di Mosca l'ho vinto in ottava corsia e non è stato semplice. Oggi, però, c'è il maxischermo, grazie al quale anche da queste posizioni di partenza si può vedere chi gareggia alle nostre spalle. Curioso che la Iaaf, che arriva a vietare i lettori MP3 e i telefonini agli amatori che partecipano alle maratone, classificandoli come «assistenza», non veda in questi tabelloni che mandano la gara in diretta una violazione della norma 144 del Regolamento Tecnico Internazionale dell'atletica, quella che, appunto, vieta i comportamenti e le strumentazioni che possono alterare l'uguaglianza assoluta degli atleti in gara fornendo a uno dei concorrenti un vantaggio ingiusto, generalmente definito, appunto, «assistenza, cioè aiuto dall'esterno (il più classico degli esempi: l'allenatore che va in pista e urla i tempi di passaggio).

Forse la Federatletica internazionale lascia correre, perché in fondo quella tv gigante è a disposizione di tutti e otto i partecipanti, ma è innegabile che, rispetto a trent'anni fa, con questo elemento si sia modificata la fisionomia delle corse. Oggi, paradossalmente, correre all'esterno in un 200 metri è solo un vantaggio, perché lo sviluppo più aperto della corsia permette di accelerare più rapidamente e, soprattutto, prima degli altri, verso la massima velocità. Proprio quello che ha potuto fare Bolt, che, dopo aver fatto registrare un tempo di reazione da vecchio saggio (0,182, senza fretta!), ha dato vita a una curva eccellente comportandosi, lo scrivevo prima, come uno che deve battere Bolt e quindi cerca di accumulare vantaggio nella prima parte di gara.

Vantaggio quanto mai prezioso alla resa dei conti, perché la prima parte di rettilineo di Blake è stata impressionante. La differenza, dopo i 150 metri, l'ha fatta l'esperienza: Usain ha «staccato», non per scherzare, ma per non indurirsi e rischiare così di perdere la velocità acquisita. Blake ha dato invece l'impressione di irrigidirsi nel disperato tentativo di agganciare il proprio capitano e ha concluso al secondo posto in 19''44.

La medaglia di bronzo conquistata da Warren Weir in 19''84 ci ha poi anticipato che per la staffetta 4x100 della Giamaica l'infortunio di Asaha Powell non sarebbe stato un problema.

Quando la memoria delle giornate olimpiche sarà sbiadita, le seguenti otto righe di statistica saranno utili per ricordare come è andata:

1. Usain Bolt (Giamaica) 19''32
2. Yohan Blake (Giamaica) 19''44
3. Warren Weir (Giamaica) 19''84
4. Wallace Spearmon (USA) 19''90
5. Churandy Martina (Olanda) 20''00
6. Christophe Lemaitre (Francia) 20''19
7. Alex Quiňónez (Ecuador) 20''57
8. Anaso Jobodwana (Repubblica del Sudfrica) 20''69

Su «la Repubblica», venerdì 10 agosto, ha trovato spazio il commento del professor Vittori: «È un Bolt fuori dalla portata degli umani, ma stavolta non ha dato il meglio. Saranno gli anni che passano, e gli tolgono qualche motivazione. Oppure il fatto che non ha allenato abbastanza la resistenza alla velocità. Ma è un fatto che nei primi 100 metri abbia corso in 9''93, e nella seconda parte di gara in 9''39, che invece poteva essere corsa da un Bolt veramente in forma in un paio di decimi in meno: quindi si può concludere che è arrivato stanco, e che non ha sviluppato un'adeguata resistenza alla velocità lanciata. Peccato, perché poteva tranquillamente arrivare a 19''06, o anche meno...».

Capito Usain? Tu che magari eri lì tranquillo che ti godevi la tua quinta medaglia d'oro olimpica e, pregustando la sesta che sarebbe arrivata di lì a quarantotto ore, forse davanti allo specchio ti eri lasciato andare a dire a te stesso che eri stato bravo?

Buon per te che ti allena Mills!

In queste righe di tono scherzoso può trovare spazio anche una riflessione di pura fantasia: nella finale dei 200 metri di Londra il miglior Mennea sarebbe salito sul podio.

Un testimone per la leggenda

Sotto di cinque a uno nella sfida delle medaglie della velocità, gli Stati Uniti hanno fatto di tutto per siglare «il gol della bandiera», cioè l'oro nella 4x100.

Hanno disposto le due «punte», Gatlin e Gay, rispettivamente in seconda e terza frazione. I due hanno dato il massimo, ma Blake, che ha corso come terzo frazionista, ha fatto almeno altrettanto. Stati Uniti e Giamaica si sono così presentati pressoché appaiati all'ultimo cambio, dove per la formazione a stelle e strisce partiva Ryan Bailey… che altro non ha potuto fare se non vedere la schiena di Bolt che si allontanava.

Il prodotto di questa accesissima resa dei conti, vero «O.K. Corall» dell'atletica mondiale, è nel nuovo record del mondo stabilito dai giamaicani (36''84, prima volta degli uomini sotto al muro dei 37 secondi) e nel vecchio primato eguagliato dagli americani (37''04).

A titolo di riepilogo, per i posteri:

1. **Giamaica** (Nesta Carter, Michael Frater, Yohan Blake, Usain Bolt) 36''84
2. **USA** (Treil Kimmons, Justin Gatlin, Tyson Gay, Ryan Bailey) 37''04
3. **Trinidad e Tobago** (Keston Bledman, Marc Burns, Emanuel Callender, Richard Thompson) 38''12
4. **Francia** (Jimmy Vicaut, Christophe Lemaitre, Pierre-Alexis Pessonneaux, Ronald Pognon) 38''16
5. **Giappone** (Ryota Yamagata, Masashi Eriquchi, Shinji Takahira, Shota Tizuka) 38''35
6. **Olanda** (Brian Mariano, Churandy Martina, Giovanni Codrington, Patrick van Luijk) 38''39
7. **Australia** (Anthony Alozie, Isaac Ntiamoah, Andrew Mc-Cabe, Joshua Ross) 38''43

Canada (Gavin Smellie, Oluseyi Smith, Jared Connaughton, Justyn Warner) squalificata

La scelta degli Stati Uniti di anticipare l'utilizzo di Justin Gatlin nella seconda frazione è interessante. Che si sia trattato di una decisione del responsabile tecnico o di una scelta dello stesso atleta poco importa. Quello che viene da pensare è che dietro questa tattica vi sia un'attenzione alla psicologia della gara: per consentire al migliore di dare il massimo, lo si è tenuto lontano dal confronto diretto con Bolt per evitare che venisse scoraggiato dalla micidiale accelerazione del giamaicano e dal fatto che, con ogni probabilità, avrebbe dovuto entrare in scena con già qualche metro di svantaggio da recuperare.

Ed è curioso notare come anche altre formazioni abbiano optato per questo «anticipo» di giocata della carta migliore: in seconda frazione hanno corso anche l'olandese Martina e il francese Lemaitre, campioni europei in carica, rispettivamente, dei 200 e dei 100 metri. Dei 7 finalisti dei 100 metri impegnati anche nell'ultima prova della 4x100, in ultima frazione hanno corso solo Bolt, Bailey e Thompson (Trinidad).

Se n'è parlato poco. Ancora una volta l'attenzione è stata calamitata dallo show: la «finta» di Usain che, decelerando dopo il traguardo, fa il gesto di restituire il testimone alla giudice e poi, all'ultimo, con mossa fulminea da felino, ritrae la mano e se lo tiene, la discussione con gli ufficiali di gara per non riconsegnarlo, l'intervento finale di Lord Sebastian Coe, capo dell'organizzatore dei Giochi londinesi, che permette a Bolt di portarsi a casa quel bastoncino di plastica per conservarlo nello scaffale dei memorabilia.

Destinazione leggenda

A quel punto ho spento il televisore e ho fatto i conti: 6 ori olimpici, che vanno ad aggiungersi alle 7 medaglie conquistate ai Campionati mondiali, 5 d'oro e 2 d'argento.

Direi che può bastare!

Sabato 11 giugno 2012, alle ore 20 e 26, il treno per la leggenda ha lasciato la stazione olimpica di Londra.

Sopra c'era un solo passeggero: Usain Bolt.

Con quale destinazione?

Al futuro di Usain ho dedicato un capitolo a parte di questo libro. Il mio pensiero l'ho anticipato su «La Gazzetta dello Sport» di domenica 12 agosto: fossi in lui, mi dedicherei ai 400 metri.

Si tratta di un territorio tecnico per niente ospitale, dove i progressi, fino a ora, sono intervenuti col contagocce: il 18 ottobre 1968, nella finale dei Giochi olimpici di Città del Messico, Lee Evans infranse per la prima volta il muro dei 44 secondi, completando il giro di pista in 43''86 accompagnato sotto quel limite da Larry James (43''97).

44 anni dopo, il conto dei meno 44'' si ferma a 10 atleti.

In cima a tutti c'è proprio Michael Johnson con il 43''18 ottenuto il 26 agosto 1999 ai Mondiali di Siviglia, un record che comincia a invecchiare e che al momento di scrivere queste righe vanta già 13 primavere!

Lo seguono: Harry (Butch) Reynolds (43''29, 17 agosto 1988, Zurigo), Jeremy Wariner (43''45, 31 agosto 2007, Osaka), Quincy Watts (43''50, 5 agosto 1992, Barcellona), Lashawn Merritt (43''75, 21 agosto 2008, Pechino), Danny Everett (43''81, 26 giugno 1992, New Orleans), il già ricordato Lee Evans (43''86 in altura, 18 ottobre 1968, Città del Messico), Steve Lewis (43''87, 28 settembre 1988, Seoul), Kirani James (43''94, 6 agosto 2012, Londra) e il già menzionato Larry James (43''97 in altura, 18 ottobre 1968, Città del Messico).

A parte l'oro di Londra, (Kirani James, Grenada), gli altri nove sono tutti statunitensi. Questo dovrebbe stimolare l'appetito di Usain, che a fare il guastafeste dei sogni a stelle e strisce sembra provare un gusto particolare.

Soprattutto ora che gli Stati Uniti si portano addosso l'onta di non aver avuto nessun atleta nella finale olimpica del giro di pista, un po' come se il Brasile non arrivasse al girone finale dei Mondiali di calcio!

Ma la mosca al naso di Usain gliela dovrebbe mettere soprattutto il fatto che in cima a questa lista dei più grandi di sempre sul giro di pista c'è un atleta della sua e mia razza: il velocista resistente Michael Johnson, già primatista del mondo dei 200 metri con 19"32, che da solo ha siglato 20 delle 46 gare dei 400 corse dagli umani sotto i 44 secondi.

Si tratta, per Bolt, di cambiare preparazione, ma soprattutto mentalità. Di più: si tratta di dover cambiare pelle. Li ho corsi tanto i 400, soprattutto dopo il 1976, arrivando al titolo europeo indoor nel 1978 e alla medaglia di bronzo nella 4x400 dei Giochi di Mosca. Ti prosciugano l'anima.

Il giamaicano può dar vita a una nuova era, arrivando un domani a pensare addirittura di congedarsi dalle piste, ai Giochi del 2020, con un grande 800, una rivoluzione! Ma davvero gli è necessario un cambio di vita: meno Bolt e più Phelps, per rimanere alla meravigliosa dicotomia offerta dalle giornate londinesi.

Meno ragazze, più sudore.

Meno bollicine, più acqua. Naturale, non gassata, per tornare a una mia vecchia metafora.

In cinque parole: una vita alla Pietro Mennea.

Se servono consigli, Usain, sai dove trovarmi.

Conclusioni

Cos'è un mito dello sport?

Difficile dare e darsi una risposta. Di sicuro è un grande campione, ma il campo (la pista) poi non c'entra o non basta.

Il mito dello sport è un uomo che ha fatto nella vita almeno tanto quanto ha ottenuto da atleta, ed è un «quanto» che non va misurato in termini di carriera. Entrano in gioco il coraggio delle scelte, spesso dolorose, fatte per restare coerenti con le proprie idee. Un meccanismo difficilmente misurabile perché si sviluppa sugli umori dell'immenso pubblico degli appassionati ed è sottoposto alle variabili della loro emotività, esposta a mille forme di suggestione.

Con le parole di questo libro ho cercato di inseguire il fenomeno Bolt e di trasmettergli il mio ideale testimone nella staffetta dei miti della velocità.

A 26 anni non ancora compiuti ha vinto davvero tanto. Mi sento di andare oltre: nessuno in atletica in così breve tempo è riuscito a vincere come Bolt. Questa premessa autorizza una domanda difficile: Usain può già essere considerato una leggenda, un mito?

Per noi ragazzi degli anni Cinquanta i miti erano Cassius Clay e Tommie Smith.

Nel caso di Ali, per sua fortuna, ma soprattutto per merito, la grandezza è stata tale da sopravvivere alla fine della carriera agonistica. Nel 1967 il no alla guerra in Vietnam gli era costato il corrispondente di 20 miliardi di lire di multa, cinque anni di carcere e soprattutto, in cima alla sua scala di valori, la perdita della corona mondiale dei pesi massimi.

A Tommie Smith il gesto sul podio alle Olimpiadi di Città del Messico è costato molto. Ancora oggi vive nell'isolamento e cammina sull'incerto crinale che separa il mondo del lavoro precario dalla disoccupazione. Un comune denominatore ha percorso le vite di questi due grandi sportivi: il coraggio, che i due hanno pagato e ancora stanno pagando a caro prezzo.

Lo sport che fa da terreno alla crescita della pianta Bolt è molto diverso. Ci sono ancora bandiere di riscatto sociale, come certe atlete del mondo islamico che si allenano e vincono a dispetto di pregiudizi che ne mettono a repentaglio la vita stessa, o squadre di calcio che in città svuotate di lavoro finiscono per offrire l'unico motivo di soddisfazione.

Per il resto è tutto spostato sul piano della comunicazione ed è qui che Usain sta giocando e ancora dovrà giocare la partita per un posto tra i miti dello sport. Lo avrà se saprà trasmettere un messaggio importante ai ragazzi che in tutti i posti del pianeta risparmiano per comprarsi una sua maglietta o il paio di scarpe che gli vedono indossare nell'immagine scaricata dal web. Lo avrà se saprà convincerli che esiste ancora un percorso di vita fondato sul merito, con il suo vocabolario specifico di sacrifici, fatica e umiltà.

Questo è quello che si chiede, oggi, a un campione che aspiri a diventare leggenda, come Bolt ha espressamente dichiarato fin da giovane. Il resto, tutto quell'incredibile «resto» che questo ancor giovane campione ha prodotto in pista, è materiale certamente nobile, ma «cronodegradabile», destinato cioè a subire la legge del tempo. Quale che sarà il limite ultimo toccato da Usain Bolt in fondo alla sua sfolgorante carriera, sarà solo per essere superato da un nuovo uomo che da quel limite partirà. Resto convinto, come già scritto in un altro mio testo, che il più grande velocista di tutti i tempi, in fondo, sia sempre quello che ancora non c'è, perché un record, dal momento in cui viene realizzato comincia a morire: sempre più vicino, per quanto ignoto, è il momento in cui verrà superato.

Siamo nati per inseguire, scrivevo all'inizio di queste pagine. Siamo destinati a essere superati. Siamo destinati, Usain, a passare il testimone.

Una cosa è certa: seguiterò a scrivere sempre quella che io credo sia la «verità» e sarò sempre pronto a riscrivere la storia dell'uomo che desiderava diventare una leggenda. Critico implacabile, severo come lo sarei se parlassi di me stesso, con la speranza, però, nel mio segreto, di poter ancora concludere che si sia al cospetto di un campione, un mito vero.

Approfondimenti

Lo sport giamaicano e il doping

Negli ultimi anni, in Giamaica i casi di positività accertata hanno riguardato tre sprinter: Julian Dunkley (boldenone), Steve Mullings (testosterone) e Patrick Jarrett (stanozolol), che sono stati sanzionati con due anni di squalifica.

Nel maggio 2010, inoltre, il trentottenne giamaicano Christopher Williams, vice iridato dei 200 metri a Edmonton 2001 e bronzo olimpico con la 4x400 a Sydney 2000, è stato sospeso per due anni, dal luglio 2009, essendo risultato positivo (anfetamine) a un controllo effettuato nel corso di un meeting spagnolo. «Colpa del sonnifero», s'è difeso.

Nei giorni del 24 e 25 luglio 2009, mentre era in corso il meeting di Londra, si è diffusa la notizia che ha gettato ombre sull'atletica giamaicana: cinque sprinter, quattro uomini e una donna, dell'isola caraibica erano risultati positivi ai controlli antidoping effettuati ai Campionati nazionali che si erano svolti nel mese precedente, tra il 26 e il 28 giugno, a Kingston.

Il portavoce della Iaaf, Nick Davies, ha tenuto a evidenziare che tra questi nomi coinvolti non sono compresi atleti come Usain Bolt e Asafa Powell.

Il clamore di questa notizia è rappresentato dal fatto che gli atleti risultati positivi fanno parte di quel movimento che ai Giochi olimpici di Pechino 2008 attirò l'attenzione del mondo sportivo.

La sostanza incriminata è il methylxanthine, un broncodilatatore. Si tratta di uno stimolante che viene usato nel trattamento dei disturbi polmonari e acquistabile senza prescrizione medica. Serve per respirare meglio e, nello sport, per «ritardare gli effetti della fatica». Quindi il farmaco appartiene a un prodotto «minore» per il quale potrebbero essere ammesse della «pubbliche ammende».

Quello che è certo è che gli atleti giamaicani sotto inchiesta sportiva facevano parte del gruppo dei 46 (staffettisti compresi) che componevano la squadra giamaicana per i Mondiali di Berlino 2009. Per questa positività i cinque non hanno partecipato ai Campionati mondiali tedeschi.

A questa notizia la Giamaica sportiva è rimasta scioccata. Il primo ministro Bruce Golding si è preoccupato per l'immagine del Paese e dello sport giamaicano al punto che ha convocato d'urgenza un incontro con i vertici della Federazione e ha parlato con il presidente Howard Aris.

Ai Campionati nazionali giamaicani, i cosiddetti «trials» per accedere ai Mondiali di Berlino 2009, i controlli antidoping effettuati dalla Jadco, la commissione antidoping giamaicana, sono stati 43; le provette contenenti i campioni sono state analizzate dal laboratorio antidoping di Montreal (Canada).

Il primo quotidiano a riportare la notizia di questo caso è stato il «Jamaica Observer», che ha titolato: *Imbroglioni drogati*.

I due atleti simbolo di questo rinnovamento sportivo giamaicano, cioè Asafa Powell e Usain Bolt, intervistati su un fatto così grave, hanno rispettivamente risposto: «Non mi preoccupo, sono pulito da quando sono nato, semmai sono dispiaciuto». Il primatista mondiale dei 100 metri, 200 metri e staffetta 4x100 metri, si è limitato a dichiarare: «Di certe cose non so mai abbastanza per dire qualcosa di sensato. Preoccupato? E perché dovrei? Mi hanno telefonato da Kingston, ma di questa storia so pochissimo. Rivolgetevi al mio manager».

Chi si era mostrato scettico sui risultati sportivi dei giamaicani ai Giochi olimpici di Pechino 2008, era stato Carl Lewis: «In Giamaica non fanno test a sorpresa, passano mesi senza che gli atleti siano controllati».

Prima che esplodesse questa vicenda, il «figlio del vento» aveva dichiarato a «News of the World»: «Noi statunitensi nella velocità abbiamo dominato per decenni e poi in un'Olimpiade arrivano questi giamaicani e con tempi fantascientifici ribaltano la gerarchia. Non sta in piedi».

Bolt, infastidito da questa dichiarazione ha commentato: «È una storia triste per lo sport giamaicano, che è il nostro vanto. Ed è un passo indietro perché ora tutti cominceranno a dubitare di tutti. Aspettiamo il risultato delle controanalisi. A me però non importa, io continuerò a cercare di migliorarmi giorno per giorno. Mi testano di continuo. Significa che i controlli funzionano».

La Commissione antidoping giamaicana, in un primo momento, ha prosciolto Shery-Ann Brooks, medaglia d'oro nei 100 metri ai Giochi del Commonwealth 2006, per un'irregolarità procedurale nelle controanalisi, che ha reso inattendibile il risultato del campione A. Così per l'atleta è stato possibile partecipare ai Campionati mondiali di Berlino.

Successivamente, la Federazione giamaicana ha assolto Johan Blake e Marvin Anderson e i quattrocentisti Allodin Fothergill e Lansford Spence, poiché non è riuscita a determinare se la sostanza incriminata rientrasse nell'elenco dei prodotti proibiti.

A un settimanale tedesco, Usain Bolt ha dichiarato di aver fumato marijuana una sola volta all'età di 13 anni, quando non era ancora un atleta vero: «In Giamaica tutti da bambini imparano a farsi una canna».

Bolt è ben cosciente che se dovesse circolare sulla sua persona una qualunque insinuazione relativa al doping, ciò rappresenterebbe un duro colpo per la sua reputazione e per il mondo dell'atletica. L'atleta in più di una circostanza ha tenuto a ribadire che non accadrà nulla in tal senso.

A tal proposito, Usain è stato sottoposto per la prima volta a un controllo antidoping dopo un meeting a Miami, quando non aveva ancora compiuto i 18 anni.

Da quel giorno, e in base al programma Adams, previsto dal Codice Mondiale Antidoping della Wada, ha sempre dovuto fornire informazioni sui luoghi dove si trovava, in modo che gli ispettori della Wada potessero raggiungerlo per sottoporlo a un controllo antidoping a sorpresa.

Oggi, per quanto riguarda i controlli antidoping, forse è l'atleta più certificato al mondo. Prima dei Giochi di Pechino 2008 ha dichiarato: «Sono stato controllato dalle 30 alle 40 volte. Pure quando sono andato in Florida a trovare mia zia si sono presentati gli ispettori antidoping alla porta e mi hanno fatto il test».

Nella settimana precedente l'inizio delle gare olimpiche era stato testato quattro volte.

L'atteggiamento del giamaicano nei confronti delle droghe è sempre stato quello di evitarle, sia che si trattasse di sostanze necessarie per migliorare le prestazioni sportive, sia di droghe «ricreative».

Anzi, l'atleta non è disposto nemmeno ad assumere integratori, perché teme che in qualcuno di essi si possa nascondere qualche sostanza vietata che non è stata indicata nella confezione.

Gli unici integratori che assume sono le vitamine, che la famiglia era solita somministrargli fin dagli anni dell'adolescenza.

Per evitare eventuali complicazioni non assume nemmeno i farmaci per curare un raffreddore. A tal proposito, preferisce un antico rimedio giamaicano a base di miele e succo di lime, che in questi casi lo aiuta a riprendere una certa condizione.

Il giamaicano è favorevole a un incremento dei controlli antidoping, In varie circostanze ha dichiarato: «Se lo desiderano, gli addetti possono pure mettersi in coda fuori da casa mia, perché quanto più spesso esaminano me e i mie colleghi, dimostrando che siamo puliti, tanto meglio è per lo sport».

Per questi motivi, Bolt, sostiene il lavoro che in materia di antidoping viene svolto dalla Iaaf e dalla Wada.

Durante i Campionati mondiali di Berlino 2009, il Ministro dello Sport giamaicano, la signora Olivia Grange, ha presentato un video con il quale ha lanciato la lotta al doping.

In questo filmato compare Usain Bolt con due cartelli con su scritto: «Hard Work» e «Confidence» (lavoro duro e fiducia nei propri mezzi).

Il messaggio che la Giamaica sportiva vuole lanciare ai giovani è che la lotta a chi bara nello sport (e quindi a chi ricorre al doping) aiuta a combattere le altre piaghe della società.

Per questa campagna Usain Bolt non si è tirato indietro.

Durante la sua carriera sportiva ha ricevuto accuse «gratuite» relative all'utilizzo di sostanze illecite. Le ultime, in ordine di tempo, risalgono al 1° marzo 2011, quando il discusso allenatore spagnolo, Manuel Pascua, coinvolto nell'inchiesta «Operación Galgo» a proposito dell'atleta giamaicano ha dichiarato: «Chi pensa che Usain Bolt fa i suoi record senza aiuti è uno stupido».

Secondo me queste dichiarazioni sono pretestuose e non attendibili, in quanto rilasciate da un individuo, Pascua, che attraverso la sua attività di allenatore ha diffuso un modo di fare sport in Spagna molto discutibile e nel suo Paese, si spera un giorno, risponda dinnanzi alla giustizia sportiva e anche a quella ordinaria.

Alla vigilia dei Campionati mondiali di Daegu, sarà ancora Carl Lewis a mettere in dubbio le prestazioni agonistiche di Usain Bolt. In un'intervista a «Sport Illustrated» ha affermato: «Il mio giudizio su di lui è ancora sospeso. Faccio ancora fatica a comprendere il fatto che sia sceso da 10 netti a 9''60 nel giro di un anno. Paesi come la Giamaica hanno un programma di controllo aleatorio. Lì si possono trascorrere mesi senza mai essere sottoposti a un test antidoping».

Anche il discusso Victor Conte, responsabile legale del laboratorio Balco di nutrizione, da cui sono passati molti campioni dello sport mondiale, è intervenuto sulle prestazioni agonistiche di Usain Bolt. Il 20 ottobre 2011, in un'intervista rilasciata a un importante quotidiano sportivo italiano, al giornalista che gli chiedeva: «È ancora informato su quanto succede oggi?», ha risposto: «Al Mondiale 2001 gli atleti di una nazione caraibica, che non è la Giamaica (probabilmente Bahamas, *nda*), mi raccontarono che un dottore del team forniva testosterone, EPO e vari tipi di steroidi. Lo so perché poi mi sono procurato l'EPO direttamente da lui mandando soldi laggiù con Western Union e ricevendo i pacchi all'indirizzo di Balco. Lo stesso informatore mi dice oggi che prima di Pechino, in Giamaica hanno usato il protocollo Balco, il mio. Non ho prove, ma basta guardare i risultati: su Bolt e gli altri ho forti sospetti».

Quando queste dichiarazioni sono rilasciate senza il riscontro di informazioni e prove documentali vanno valutate con riserva, poiché alle volte nascondono altri scopi e fini. Il soggetto che ha rilasciato queste dichiarazioni è particolare e molto, molto discutibile.

Steve Mullings non può essere annoverato tra i grandi sprinter giamaicani; all'atleta è stata inflitta la sanzione della squalifica a vita e quindi la radiazione per essere risultato positivo al furosemide, un potente diuretico usato come coprente di altre sostanze.

Piccolo di statura (1,76, kg 75), anche lui di Trelawny, Mullings ha rappresentato la rivelazione della stagione 2011 con tempi di 9''98 e 9''80 ottenuti con 2 metri di vento a favore. Non più giovanissimo, avendo compiuto 29 anni nel novembre 2011, dopo gli studi alla Mississippi State University, ha deciso di rimanere ad allenarsi in Florida a Clermont, con il gruppo di Lance Brauman di cui fanno parte anche Tyson Gay, Trevis Padgett e l'altro giamaicano, Nickel Ashmead (19''95 sui 200 metri e 9''96 sui 100 metri), il trinidegno Bledman (sceso a 9''93 sui 100 metri).

È molto amico di Gay. Tanto che Tyson è il padrino di suo figlio. I due si sono conosciuti nel 2000 al Barton Community College, in Kansas.

Si diceva che i risultati agonistici ottenuti da questo atleta fossero da attribuire alla scelta di continuare a stare negli USA dopo gli studi alla Mississippi State University e trasferirsi in Florida per lavorare nel gruppo di Lance Brauman.

A proposito di Mullings, Bolt ha dichiarato: «Lo conosco bene, è di Trelawny come me. I suoi exploit non mi sorprendono. Ha talento e carattere sin dal liceo, anche se insieme non ci siamo mai allenati».

Si mise in luce sulla scena internazionale nel 2001 quando si classificò al terzo posto nella finale dei 100 metri ai Giochi Panamericani juniores.

Nel 2004 si era qualificato per le Olimpiadi di Atene, ma venne squalificato per due anni per doping.

Rientrò alle gare nel 2006, ottenendo 10''31 sui 100 metri e 20''54 sui 200 metri.

Fino al 2010, vantava un record personale sui 100 metri di 10''01, conseguito al Golden Gala di Roma (2009).

Nel solo 2011 è sceso sette volte sotto i 10 netti sui 100 metri.

Nei 200 metri si è classificato al quinto posto nella finale dei Mondiali di Berlino 2009 con 19''98 (vinta da Bolt con 19''19).

Ha vinto la medaglia d'oro, quale componente della staffetta 4x100; mentre ai Mondiali di Osaka 2007, sempre con la staffetta 4x100, si classificò al secondo posto.

Il 4 giugno 2011, nel meeting di Eugene, Mullings si è aggiudicato i 100 metri con il tempo di 9''80, suo record personale. In quella gara ben sei atleti sono scesi sotto i 10 netti, tra questi c'era il discusso Gatlin con 9''97 (vento +1,3 m/s): primo Mullings (Giam) 9''80; secondo Rodgers (USA) 9''85; terzo Carter (Giam) 9''92; quarto Patton (USA) 9''94; quinto Frater 9''94; sesto Gatlin (USA) 9''97.

Il 9 giugno 2011, a New York, nel meeting all'Ichan Stadium, Mullings si è aggiudicato la gara dei 100 metri in 10''26 (vento – 3.4) battendo Tyson Gay (10''26), in una corsa in cui vento e pioggia hanno compromesso il risultato cronometrico. In questa circostanza l'allievo ha battuto il maestro.

In questa gara vi sono state tre false partenze che hanno provocato l'esclusione di Thompson prima, di Padgett e di Edwards poi. In gara sono rimasti solo sei atleti, l'avvio di Gay è stato lento, Mullings lo distanzia subito di un metro. Gay mette in atto un'azione di corsa efficace dovuta a falcate ampie. Sul traguardo, in un primo momento, si ha l'impressione che lo abbia riacciuffato, ma il fotofinish lo relega al secondo posto, assegnando la vittoria al giamaicano.

Tra il mese di aprile e giugno 2011, Mullings ha corso quattro volte i 100 metri con tempi dai 9''97 in giù.

È un atleta che con il freddo soffre d'asma.

Al meeting Terra Sarda di Arzana del 30 luglio 2011 ha corso i 100 metri in 9''93 (vento + 1,4), un tempo importante se si considera che la pista era nuova e soffice; più adatta agli allenamenti che alle grandi prestazioni. Al secondo posto si è classificato il giamaicano Clarke in 10''13 e terzo Suwaibai (Gambia) in 10''25.

Mullings, un'ora e mezza dopo i 100 metri, ha corso i 200 in 20''22 (+ 0,2) vincendo in scioltezza.

Dopo queste gare ha dichiarato: «Ero sicuro di poter ottenere una buona prestazione, perché in allenamento ho lavorato duramente. Dopo i campionati giamaicani (dove è risultato positivo) ho corso poche gare e sono tornato in Florida per lavorare e caricare la forza. Peccato manchi nel gruppo Tyson Gay, che si è fatto operare all'anca, perché in pista Tyson è un punto di riferimento: arrivare davanti a lui significa poter battere anche Powell e Bolt. Sì, qualche volta ce l'ho fatta».

«Ora torno in Florida perché ho ancora alcuni particolari da mettere a punto, soprattutto nella partenza e negli ultimi 15 metri, dove a volte tendo ad accorciare l'ampiezza della falcata, però quest'ultimo può anche essere un problema di concentrazione. Comunque questo 9''93 dice che sono sulla buona strada, che mi manca pochissimo per non avere paura di nessuno...».

E sul caso doping del 2004, sorridendo ha dichiarato: «Non ho ancora adesso capito cosa fosse successo».

Ma proprio queste ultime parole devono far riflettere, perché il 12 agosto 2011 fa il giro del mondo la notizia che Steve Mullings è risultato positivo ai Campionati nazionali del 23-26 giugno 2011 disputatisi a Kingston. La sostanza incriminata è un agente mascherante.

Nel 2011 Mullings ha corso i 100 metri sette volte in tempi compresi tra 9''80 e 9''98 (il primo rappresenta il sesto tempo nella lista all-time). Ha ottenuto anche un 9''89 e un 9''90 (vento + 2,00 m/s), tempi non male per un atleta di 28 anni, ma soprattutto per un atleta che fino ad aprile non aveva fatto meglio di 10''01 (corso a Roma 2009).

Il 18 agosto 2011 le controanalisi effettuate nel laboratorio di Montreal hanno confermato la positività a un diuretico (utilizzato come «mascherante», il furosemide). La procedura prevede per questi casi che l'atleta abbia due settimane di tempo per chiedere un'audizione davanti alla Commissione antidoping giamaicana.

L'audizione non ha prodotto gli effetti sperati. Alla fine del novembre 2011, l'agenzia antidoping giamaicana (Jadco), dopo aver visionato la documentazione relativa alla prima positività di Mullings, lo ha riconosciuto colpevole della seconda positività al doping e squalificato a vita.

L'atleta ha annunciato il ricorso presso il TAS di Losanna con la speranza che la massima sanzione gli sia ridotta.

Secondo l'avvocato dell'atleta, tale sanzione è ingiusta perché non è stata provata la volontarietà del comportamento.

A proposito di questo caso è stato durissimo il presidente della Commissione disciplinare, Lennox Gayle, il quale ha dichiarato: «Riteniamo che ad ogni atleta in Giamaica debba essere inviato forte e chiaro il messaggio che nello sport le sostanze proibite non saranno tollerate. La squalifica poteva oscillare dagli otto anni alla radiazione, ma abbiamo scelto la pena massima perché Mullings si è sempre rifiutato di presentarsi davanti alla Commissione».

Questo caso di doping rappresenta un duro colpo per la velocità giamaicana, che in questi ultimi anni sta dominando la scena mondiale con Bolt, Powell e Blake.

Il caso Mullings, come altri casi di doping che hanno visto coinvolti atleti famosi come Ben Johnson, Marion Jones, Katrine Krabbe, Tim Montgomery, Konstantinos Kenteris e Katerine Thanou, impongono una riflessione.

La credibilità è la «spina dorsale dello sport», quando non ci sarà più, anche le varie discipline sportive non avranno più futuro.

Ormai da molti anni, a dare un duro colpo alla «credibilità» dello sport è la sempre maggiore diffusione del doping.

Vani sono stati i tentativi di fermarlo. Si è andato sempre più diffondendo nelle varie discipline agonistiche, fino a rappresentare oggi una piaga non solo sportiva, ma anche sociale. In tutti questi anni, la norma e i controlli affidati agli organismi sportivi, si sono rivelati un fallimento, perché del tutto inadeguati.

Quando si prende in esame il problema del doping nello sport, chi esce a pezzi da questa vicenda è proprio il sistema dei controlli, tanto da pensare che il tempo, il denaro e le risorse, anche quelle intellettuali, dedicati siano sprecati.

È significativo ad esempio, che la positività di Ben Johnson, emersa ai Giochi olimpici di Seoul 1988, non sia stata scoperta in occasione dei Campionati mondiali di atletica a Roma 1987. Secondo le ammissioni di Johnson e del suo allenatore Francis, deceduto il 13 maggio 2010, il doping lo praticavano già da diversi anni, prima di essere scoperti.

In tutto questo tempo, la diffusione del doping e i vari casi di positività sono passati sotto il naso degli organismi sportivi e di controllo, senza che nessun allarme suonasse, dimostrando come questi enti abbiano perso un'occasione per dimostrarsi efficienti.

Quando si affronta la piaga del doping esiste il drammatico problema delle sanzioni: non si può ancora sanzionare la prima grave positività solo con due anni di sospensione, salvo i casi in cui è prevista la riduzione (in caso di collaborazione). In presenza di una norma sportiva equa e giusta, atleti come Justin Gatlin e Dwain Chambers o LaShawn Merritt, non sarebbero dovuti tornare alle gare. Infatti, gli organismi preposti ad esaminare e a giudicare i casi di doping fanno fatica a tenere testa ad agguerrite schiere di legali specializzati in questa materia.

In base alle norme sportive (Codice Wada), l'illecito di doping non è considerato grave, e le sanzioni non sono nemmeno lontanamente paragonabili a quelle previste per un illecito che in ambito sportivo deve essere invece considerato grave.

Atleti, medici, dirigenti, violano le norme solo se la probabilità di dover scontare una sanzione è abbastanza bassa.

Lo sportivo che viola le norme antidoping calcola, e con buona capacità previsionale, la probabilità di essere o meno scoperto, e conosce in modo più che sufficiente l'ordine di grandezza del rischio di sanzioni.

L'atleta che punta a realizzare grandi imprese nello sport e quindi a vincere e, perché no, ad arricchirsi in modo illecito alle spalle dell'atleta che invece ha deciso di praticare lo sport in modo corretto e nel rispetto delle norme, ha tipicamente una forte propensione al rischio, e un altrettanto tipico eccesso di autostima. E nello sport di oggi la soglia del rischio si è notevolmente abbassata mentre l'autostima e persino la reputazione di chi esce senza danni da vicende di doping non si riducono. Oggi Marion Jones gira gli USA a parlare di valori dello sport, oltre che essere stata scelta quale componete di una Commissione del governo statunitense.

Fino a oggi, nulla è servito per dissuadere gli sportivi dal commettere illeciti legati al doping, perché non hanno alcun timore di scontare una sanzione di due anni. In alcuni Paesi europei, è stata promulgata una norma ordinaria penale, che prevede per chi la viola anche il carcere e impone di pagare sanzioni economiche salate. Solo con essa si è riusciti a dissuadere dal commettere questo tipo di reati. Purtroppo è ben noto che il doping corre più veloce dell'antidoping: fatta la legge, trovato l'inganno.

L'azienda Bolt

Programmare la carriera agonistica di un atleta per farlo competere nei grandi eventi è difficile. Gli organismi sportivi competenti, le federazioni sportive, investono molte risorse per far sì che l'atleta vinca una medaglia in competizioni importanti come le Olimpiadi, i Campionati mondiali, ecc.

Dietro un atleta si muovono degli apparati «industriali» che lavorano affinché lo sportivo raggiunga il risultato agonistico sperato, per il quale collaborano anche i mezzi di comunicazione di massa, che hanno bisogno di sfruttare la spettacolarizzazione del gesto motorio dell'atleta, cui si chiede la perfezione tecnica, ma soprattutto un rendimento eccezionale.

Tutto questo apparato si rende indispensabile quando sulla carriera agonistica di un determinato atleta si decide di investire cospicui mezzi finanziari, aspettandosi un ritorno economico dal risultato agonistico dello sportivo, nello sfruttamento commerciale della sua prestazione.

Quando nel panorama dello sport mondiale si affaccia un talento come Usain Bolt, allora tutto diventa più facile e, per chi ha investito su questo atleta, la percentuale di rischio che una carriera agonistica potrebbe rappresentare, diminuisce.

Usain Bolt è frutto di quell'atletica che ebbe inizio negli anni Ottanta, quando cominciò ad affermarsi il mercato televisivo. Sull'onda del modello statunitense si svilupparono in molti Paesi europei i primi network privati.

I diritti televisivi diventarono un affare anche per l'atletica, e per Primo Nebiolo, che ormai la gestiva a livello internazionale come una proprietà privata. Da questo punto di vista quella prima edizione del Golden Gala, il 5 agosto 1980, a Roma, fu una data storica, perché rappresentò la progenie delle riunioni-spettacolo che oggi si sono moltiplicate e che vanno sotto il nome di Diamond League. Fu l'inizio di un'atletica, per così dire, «pugilistica», dove l'incontro-scontro tra i più bravi era preceduto da annunci roboanti, che ne aumentavano l'attenzione dei media. Quel tipo di televisione, però, si nutriva e tuttora si nutre di sensazionalismo e chiedeva di poter avere ogni volta un record del mondo da spendere, come inevitabile risultato della sfida tra i due più bravi.

L'atleta di punta si trovò la vita radicalmente cambiata: non più mesi e mesi di preparazione per uno o pochi grandi appuntamenti, ma una stagione di incontri a cadenza a volte quotidiana, dove la gara sostituiva l'allenamento. Un'estate con il borsone, tra aeroporti, pista e hotel, e nient'altro, cominciò a fruttare e tuttora procura più denaro dei miei 12 anni spesi tra Olimpiadi, Europei e Coppa Europa. Dalla personale esperienza maturata nell'organizzare la mia programmazione di atleta, mi sono chiesto spesso come si faccia a mantenere così a lungo la condizione di forma, gareggiando sempre e allenandosi poco, non potendo preparare, con i giusti carichi di lavoro, la competizione successiva.

Bolt non appartiene a questa categoria di atleti.

Usain oggi raggiunge i ricavi che sono tipici dei giocatori più popolari del football e del basket americano e che un protagonista di discipline diverse da quelle, mai era riuscito a guadagnare.

Quando si è avvicinato alla velocità non pensava che sarebbe diventato uno degli sportivi più pagati al mondo.

Con le sue imprese il giamaicano ha portato l'atletica in un'altra dimensione sia sportiva sia economica.

Forse la struttura piramidale non è in grado di reggere l'impatto che una figura come Bolt può dare a tutto il movimento. Sbaglia chi in futuro proverà a inquadrare il giamaicano come «il solito mercenario». Alla base dei suoi successi sportivi e anche economici, giocano un ruolo importante le sue origini, senza le quali non disporrebbe di quelle necessarie qualità a fare di lui il battistrada, verso una nuova dimensione economica di questo sport.

Oggi Bolt rappresenta «una materia prima» estratta dal «giacimento giamaicano» e che, se lavorato bene e affidato in buone mani, può rappresentare un tesoro per se stesso e tutto il movimento dell'atletica.

Sarà quindi necessario che chi governa questo sport si attrezzi perché talenti come il giamaicano sono rari e quando arrivano a manifestare le loro qualità bisogna farsi trovare preparati.

Forte in pista, come nel bucare il video, Usain Bolt è attualmente lo sportivo simbolo non solo dell'atletica, ma dello sport mondiale.

Dopo i Giochi olimpici di Pechino 2008, dove ha vinto i 100 metri e 200 metri, rispettivamente con il tempo di 9''69 e 19''30, si è ripetuto ai Campionati mondiali di atletica di Berlino 2009, correndo le stesse distanze e stabilendo i nuovi record mondiali di 9''58 e 19''19.

Oggi è un atleta che, se gestito bene, dovrebbe guadagnare oltre i 15 milioni di euro all'anno.

Con i suoi ricavi Bolt ha accorciato la distanza che esisteva tra una disciplina come l'atletica e il calcio. I suoi compensi sono paragonabili a quelli dei calciatori più importanti.

A confermare ciò è il suo manager, l'irlandese Ricky Simms, che alla vigilia del Meeting Memorial Ivo Van Damme di Bruxelles (settembre 2011) ha stimato in circa 11 milioni di euro i guadagni 2011 di Bolt, a cui si devono aggiungere le royalty sull'abbigliamento dello sponsor Puma.

Infatti, gli organizzatori del meeting di Zurigo, in programma alla fine di agosto 2009, per averlo in gara hanno pagato la somma di 250 mila dollari. Se l'atleta dovesse selezionare le sue partecipazioni ai vari meeting potrebbe incassare 2,5 milioni di euro all'anno.

Il suo compenso per la partecipazione a un meeting di atletica oscilla dai 250 mila dollari ai 250 mila euro; ma vi sono organizzatori di meeting che pur di averlo sono disposti a pagare una cifra superiore a quelle indicate ed è stato il caso del Meeting di Parigi 2011dove, per presentarsi al via, ha ricevuto 300.000 dollari. A Bruxelles (settembre 2011) gli hanno riconosciuto un compenso pari a 120.000 euro.

Dalla sua partecipazione alla 12° edizione dei Campionati mondiali berlinesi 2009 ha incassato 60 mila dollari per la vittoria nei 100 metri, a cui si devono aggiungere 100 mila dollari per il record mondiale sulla stessa distanza. Stessa somma, e cioè 160 mila dollari per la vittoria e il record nei 200 metri, per un totale di 320 mila dollari.

Dal punto di vista economico nessun paragone può e deve essere fatto tra lo sport praticato dalla mia generazione e quello attuale. Ai miei tempi, lo sport aveva un'altra valenza sociale e muoveva interessi economici diversi. Non era ancora esploso il mercato dei diritti televisivi dei grandi eventi, e conquistare la medaglia d'oro alle Olimpiadi in una specialità come la velocità (100-200 metri) era molto importante per tutto il movimento dell'atletica leggera. Dal punto di vista economico, quella medaglia potrebbe non avere prezzo. Un Comitato olimpico nazionale, per conquistare una medaglia, investe milioni di euro.

All'epoca, in base ai parametri previsti dal Coni (Comitato Olimpico Nazionale), per la medaglia d'oro conseguita a Mosca ho ricevuto la somma di 8 milioni di lire, pari a 4000 euro di oggi.

Con quella somma mi recai in un'azienda di arredamento di

Tolentino e riuscii ad acquistare sei poltrone di una nota marca, che arredano il salone della mia abitazione. Oggi mia moglie vorrebbe relegare a un ruolo secondario il «premio olimpico» e qualche volta mi chiede di metterle da parte per cambiare l'arredamento della casa.

Un giorno raccontai alla giornalista Emanuela Audisio la storia delle «sei poltrone olimpiche» e alcuni giorni dopo la pubblicazione dell'articolo arrivò presso il mio studio una lettera del Direttore Commerciale Italia dell'azienda che me le aveva vendute. Nel testo il manager raccomandava a mia moglie di non bistrattarle e assicurava che avrebbero provveduto attraverso un nuovo progetto a valorizzarle.

Comunque la somma ricevuta non rappresentava certo una grande ricompensa per quello che ero riuscito a conseguire e a parlarne oggi sembra ridicola.

Attualmente, nel mondo dello show-business, la somma indicata non è sufficiente a pagare un gettone di presenza a un buon atleta per averlo ospite in una trasmissione televisiva o a un evento.

Il giamaicano ha come sponsor tecnico e di abbigliamento la Puma, da cui ha incassato sino a fine 2009 la somma di 2 milioni di euro.

Il primo contratto con l'azienda tedesca è stato firmato nel 2003, all'indomani dei Campionati giamaicani delle scuole superiori, quando Bolt conseguì il record dei 200 e quello dei 400, infliggendo ai suoi avversari un netto distacco.

I soldi che prevedeva quel contratto, rappresentavano il primo vero e importante guadagno per il giamaicano.

La Puma era lo sponsor della squadra giamaicana che comprende molti atleti importanti e si è sempre comportata bene nei confronti di Usain, anzi è andata oltre in virtù dei suoi risultati sportivi, sponsorizzando anche la William Knibb Memorial High

School, che grazie a questo intervento della casa tedesca non deve più acquistare abbigliamento tecnico per gli allievi.

Dopo gli exploit di Berlino 2009, il contratto è stato rinnovato nel 2010 per la ragguardevole cifra di circa 8 milioni di euro l'anno.

Poiché Usain Bolt è un fenomeno mondiale, sono diverse le aziende che sfruttano la sua immagine per fini pubblicitari: solo in Giamaica sono una decina, dal settore automotive, alle bevande, ai prodotti naturali, che hanno deciso di avvalersi della sua immagine, e che pagano cifre importanti.

Il giamaicano è molto riconoscente verso la casa di Herzogenaurach, che lo aveva scelto come testimonial anche quando le cose non andavano nel verso giusto. Jochen Zeitr, amministratore delegato di Puma, ha spiegato a un noto quotidiano economico-finanziario italiano: «Già a 17 anni aveva girato con noi la prima pubblicità. È un fenomeno assoluto, perché non è costruito a livello marketing come molti addetti ai lavori credono. È il simbolo del divertimento anche nei momenti più performanti, come in occasione di una gara olimpica o mondiale. Tutto ciò che il pubblico vede in tv è frutto del suo modo di vivere e sentire lo sport».

Durante i Mondiali di Berlino 2009 è stato al centro di un messaggio promozionale della Puma che recitava: «Who faster?» (Chi più veloce?).

La Puma ha pensato di legare Bolt all'azienda, attraverso un contratto più duraturo e nel contempo produrre una linea di abbigliamento con il suo nome o le iniziali (UB).

La Digicell, nota azienda di telefonia, ha stipulato con Bolt un contratto biennale da 1.800.000 dollari all'anno. Oggi Usain fa da testimonial anche a un'azienda di bevande come la Gatorade, che a sua volta, per ogni anno di contratto, gli paga migliaia di dollari.

Alla vigilia dei Giochi olimpici di Londra 2012 a questa lista di brand si è aggiunta la Visa Card.

Fino a qui, nel campo del marketing, siamo all'interno di

una strepitosa normalità: uno sportivo che funziona in termini di comunicazione e che per questo è cercato da molte aziende disposte a pagarlo profumatamente.

Usain è pronto oggi per una «fase due» dello sfruttamento della propria immagine, che consiste nel farsi lui stesso azienda.

I suoi consiglieri stanno valutando la possibilità di interessarsi di altri settori come quello dell'intrattenimento o della ristorazione e gli hanno suggerito, ad esempio, che era il momento di aprire un ristorante «Usain Bolt's Tracks & Records».

Il suo staff si è occupato di sviluppare e ampliare il marchio Usain Bolt. Da questo studio è nato il logo ispirato al gesto che lo contraddistingue, accompagnato dal motto: «dedicato al mondo».

Quel logo ha avuto un impatto notevole sull'opinione pubblica e si è rivelato un importante strumento di marketing, in quel logo c'è tutto: «il lampo che sbaraglia avversari e record mondiali, scagliato nella stratosfera».

Usain Bolt, pur avendo molta fiducia nel team di professionisti di cui si è circondato e che lo consiglia al meglio, è molto coinvolto in quelle che sono le decisioni da prendere relativamente alla sua attività: controlla gli estratti conti bancari mensilmente e se verifica che qualcosa non quadra, ne chiede conto. Per quanto riguarda i contratti è un tipo meticoloso, legge attentamente tutte le clausole degli accordi e se c'è qualcosa che non comprende è solito chiedere spiegazioni.

Se il mondo dello sport fosse maturo e preparato, avrebbe già dovuto creare un fondo investimento come quello che costituiscono nell'alta finanza, ma legato alla carriera sportiva di Usain Bolt. Questo avrebbe rappresentato una forma di investimento ben più interessante di qualche «derivato tossico», *hedge funds* e banche d'affari che hanno depredato i risparmi di molti cittadini. Il fondo «Usain Bolt» avrebbe dato molte più soddisfazioni a chi avesse deciso di investire.

La carriera sportiva di un atleta importante e talentuoso come il giamaicano può essere programmata per un arco temporale di 10-12 anni, cioè un periodo di tempo che comprende tre Olimpiadi e, se l'atleta viene gestito bene e oculatamente, il periodo potrebbe anche essere molto più lungo. Le aziende che dovessero legarsi all'immagine di Bolt in un arco di tempo così lungo, potrebbero puntare a consolidare e aumentare i ricavi relativi ai loro fatturati e, visto il riscontro mondiale dell'immagine di questo atleta, potrebbero puntare a entrare in nuovi Paesi per vendere i loro prodotti.

Ne è un esempio il giocatore di basket Michael Jordan, che, pur avendo smesso con l'attività agonistica da diversi anni, ha legato il suo nome e la sua immagine a prodotti di abbigliamento, contribuendo all'incremento di fatturato che quella nota azienda è riuscita a ottenere.

Ci sarà un motivo se, ai prossimi Giochi olimpici di Londra 2012, chi ha deciso di assistere alla finale più importante delle Olimpiadi, che rimane quella dei 100 metri, è disposto a spendere per il biglietto 750 sterline, cioè l'equivalente di 900 euro? Uno spettatore pagherà per vedere questa gara circa 100 euro al secondo.

A seguire la carriera sportiva di un atleta come Usain Bolt è necessario che vi sia un gruppo composto da manager, tecnico, massaggiatore, addetto stampa, e altre figure professionali.

Lo sport di oggi richiede un'organizzazione tale che metta l'atleta nella condizione di pensare esclusivamente agli allenamenti e alle gare, e che sia facilitato nel tentativo di raggiungere gli obiettivi che si è posto.

Ai miei tempi, al mio fianco c'erano un allenatore (che pensava alla parte tecnica) e un massaggiatore, che era a disposizione anche degli altri atleti della nazionale.

Poi c'ero io, che mi occupavo di tutto il resto: rapporti con i giornalisti, con gli organizzatori dei meeting, con gli sponsor, con le società sportive.

Quando in uno dei nostri incontri ho raccontato tutto ciò al mio amico José Mourinho, l'ho stupito. Il grande coach mi faceva presente che nello sport di oggi se decidi di guidare un «team» o un atleta del livello di Bolt, hai bisogno di una vera e propria organizzazione.

Ma posso tranquillamente sostenere che alla luce dell'esperienza maturata quando ero un agonista, unita agli studi e alla formazione, nonché all'esperienza della professione che oggi esercito (avvocato, dottore commercialista), sono pochi quelli che possono vantare una capacità professionale nello sport come il sottoscritto, in grado di gestire un campione di primo livello nello sport o una società sportiva professionistica o dilettantistica.

Il primo manager che si avvicinò al giamaicano è stato Norman Peart, come Usain diplomato alla William Knibb Memorial High School. Non aveva però mai sentito nominare Bolt, il suo lavoro era presso l'ufficio delle tasse di St. James a Montego Bay.

Un giorno gli arrivò la telefonata che non ci si aspetta: la preside, Margaret Lee, gli chiese di andare a scuola perché voleva fargli vedere un atleta molto speciale, sul quale desiderava avere un suo parere.

Il signor Peart incontrò la prima volta Usain un venerdì pomeriggio. A presentarli fu Alton McDonald, un insegnate di educazione fisica, già a sua volta studente della William Knibb High School. Nel corso dell'incontro notò nel giovane Usain due qualità che cercava negli atleti: talento e rispetto verso gli altri.

In un successivo incontro con i genitori, Peart capì che essi avrebbero rappresentato un elemento molto importante del gruppo che doveva essere composto attorno all'atleta. Capì che i genitori controllavano molto il figlio e li indusse a credere nel progetto sportivo «Bolt». Si rese conto anche che era il padre a imporre la disciplina e che la madre lo spalleggiava, cosa che riteneva giusta.

Quando Peart vide poi Usain correre nella staffetta 4x100 e 4x200 in un meeting regionale a Montego Bay, capì che aveva trovato un futuro campione olimpico.

Nel luglio 2002, ai Campionati mondiali juniores di Kingston, realizzando sui 200 metri il fantastico tempo di 19''93 e battendo l'antiguano Brendon Christian e lo statunitense Wes Felix, Usain attirò l'attenzione del mondo dell'atletica.

Peart intuì che il suo lavoro iniziava a diventare più impegnativo e complesso.

Nel 2003, quando ai Campionati delle scuole superiori Usain, con il tempo di 20»25 (terzo tempo più veloce del mondo in quella stagione), sconfisse il favorito Jermaine Gonzales, egli comprese che con un altro anno di scuola da terminare Usain era giunto a un momento critico della sua carriera e vita.

Si recò dai suoi genitori per un colloquio molto più serio: per quanto riguardava la carriera sportiva di Usain, andavano fatte scelte più importanti, basate su obiettivi di più ampio respiro. Bisognava porsi un traguardo importante a distanza di cinque anni, cioè le Olimpiadi di Pechino, e per affrontare questo obiettivo era necessario mettere su uno staff in grado di seguire la carriera di Usain.

Accanto all'allenatore Fitz Coleman, e con la Puma come nuovo sponsor tecnico, c'era bisogno di un nuovo agente che seguisse l'attività agonistica e quindi la partecipazione di Usain ai vari meeting mondiali a cui avrebbe dovuto partecipare.

Peart, attraverso l'intermediazione della velocista Juliet Campbell, ebbe un incontro in un ristorante di Parigi con la Pace Sports Management. In questa circostanza conobbe i componenti di questa società: Tom Radcliffe, Ricky Simms e Marion Steininger.

L'accordo con la società «Pace» venne sottoscritto a partire dal 2004 con Tom Radcliffe, che a distanza di qualche mese abbandonerà il gruppo per mettersi in proprio. A seguito di questo abbandono il punto di riferimento della società «Pace», che a tutt'oggi rimane l'agenzia di Usain Bolt, divenne Ricky Simms. Quando Peart venne trasferito all'ufficio delle tasse di Constant Spring, a Kingston, Bolt lo seguì nella capitale.

Nel frattempo, la vita di Usain andava avanti anche relativamente al percorso scolastico e, grazie all'aiuto di un tutor, lo studente Bolt conseguì buoni voti in cinque materie e ottenne una media che gli consentì di iscriversi al college.

Dopo i Mondiali del 2007 di Osaka, «l'impresa Bolt» stentò a decollare: solo due sponsor gli rimasero fedeli, cioè la Puma e la Digicel.

Dopo i risultati agonistici delle Olimpiadi di Pechino 2008, le aziende che desideravano sponsorizzare Usain Bolt dovevano prevedere di sborsare somme vertiginose, multipli di quelle che erano state loro proposte l'anno prima.

Gli straordinari risultati del giamaicano sono coerenti con i marchi che hanno deciso di accompagnare la carriera sportiva di Usain e lo staff che oggi lo assiste nelle trattative con gli sponsor e con gli organizzatori dei meeting, lo aiuta a completare i risultati che ottiene in pista.

Seguire la carriera sportiva di un atleta come Bolt, rappresenta per un manager una grande esperienza. Sono in pochissimi, infatti, a vantarne una simile, in quanto sono molte le opportunità che un atleta come il campione giamaicano può creare e che in tanti altri possono solo sognare.

Usain Bolt in cifre

Tempo	*Velocità vento*	*Piazzamento*	*Città*	*Data*
100 metri				
2007				
10.03	0.7	1r1	Rèthimno	18 luglio
2008				
10.03	1.8	1r1	Spanish Town	08 marzo
9.76	1.8	1r2	Kingston	03 maggio
9.92	0.6	1r2	Port of Spain	17 maggio
9.72	1.7	1rA	New York	31 maggio
10.19	1.0	1h1	Kingston	27 giugno
10.40	-2.0	1s2	Kingston	28 giugno
9.85	-0.1	1	Kingston	28 giugno
9.89	0.4	2rA	Stockholm	22 luglio
10.20	-0.2	1h1	Beijing	15 agosto
9.92	0.1	1q4	Beijing	15 agosto
9.69 WR	0.0	1	Beijing	16 agosto
9.85	-0.1	1s1	Beijing	16 agosto
9.83	-0.5	1rA	Zurich	29 agosto
9.77	-1.3	1	Brussels	05 settembre
2009				
9.93	2.3	1r1	Spanish Town	14 marzo
9.91+	0.1	1rA	Manchester	17 maggio
10.00	-0.9	1	Toronto	11 giugno
9.77	2.1	1rA	Ostrava	17 giugno
10.14	-1.6	1h1	Kingston	26 giugno
10.11	-0.6	1s1	Kingston	27 giugno
9.86	-0.2	1	Kingston	27 giugno
9.79	-0.2	1	Saint-Denis	17 luglio
10.31	-2.9	2h2	London	24 luglio
9.91	-1.7	1	London	24 luglio
10.20	-0.5	1h9	Berlin	15 agosto
10.03	0.1	2q5	Berlin	15 agosto
9.58 WR	0.9	1	Berlin	16 agosto
9.89	0.2	1s1	Berlin	16 agosto
9.81	0.0	1rA	Zurich	28 agosto

2010				
9.86	0.1	1	Daegu	19 maggio
9.82	0.5	1	Lausanne	08 luglio
9.84	-0.3	1	Saint- Denis	16 luglio
10.10	-0.7	1h1	Stockholm	06 agosto
9.97	0.0	2	Stockholm	06 agosto
2011				
9.91	0.6	1	Rome	26 maggio
9.91	-0.2	1	Ostrava	31 maggio
9.88	1.0	1	Monaco	22 luglio
10.10	-0.7	1h6	Daegu	27 agosto
DQ	-1.4		Daegu	28 agosto
10.05	-1.0	1s2	Daegu	28 agosto
9.85	0.1	1	Zagreb	13 settembre
9.76	1.3	1	Brussels	16 settembre
2012				
9.82	1.8	1r1	Kingston	5 maggio
10.04	-0.8	1r2	Ostrava	25 maggio
9.76	-0.1	1	Roma	31 maggio
10.09	0.4	1h4	London	4 giugno
9.79	0.6	1	Oslo (Bislett)	7 giugno
10.06	0.2	1h1	Kingston	28 giugno
10.01	1.0	1sf2	Kingston	29 giugno
9.86	1.1	2	Kingston	29 giugno
9.87	1.0	1sf2	London	5 agosto
9.63	1.5	1	London	5 agosto
9.86	0.3	1	Bruxelles	7 settembre

150 metri straight

2009				
14.35 WB	1.1	1rA	Manchester	17 maggio

200 metri

2001				
22.04	1.0	2-17	Kingston	07 aprile
21.96	-1.4	2h1-17	Bridgetown	16 aprile
21.81	-1.7	2-17	Bridgetown	16 aprile

2002

21.25	0.1	1h1-17	Nassau	31 marzo
21.12	-0.5	1-17	Nassau	01 aprile
21.61	-2.0	1-17	Kingston	20 aprile
21.13	-0.7	1-19	Kingston	22 giugno
21.34	0.3	1h2-17	Bridgetown	06 luglio
20.61	-0.4	1-17	Bridgetown	07 luglio
20.58 WYB15	1.4	1h4-19	Kingston	18 luglio
20.85	-2.5	1s2-19	Kingston	19 luglio
20.61	0.9	1-19	Kingston	19 luglio

2003

20.3h		1	Montego Bay	18 febbraio
21.33	2.2	1-19	Spanish Town	01 marzo
21.42	4.2	1h1-19	Spanish Town	01 marzo
20.81	1.3	1h6-18	Kingston	02 aprile
20.25	1.9	1-18	Kingston	05 aprile
21.28	0.0	1s2-18	Kingston	05 aprile
21.02	5.0	1h2-19	Port of Spain	20 aprile
20.43	-1.1	1-19	Port of Spain	21 aprile
21.1h		1	Spanish Town	14 giugno
20.80	-1.8	1h2	Kingston	21 giugno
20.28	0.2	1	Kingston	21 giugno
21.12	-0.4	1h1-17	Sherbrooke	12 luglio
20.40	-1.1	1-17	Sherbrooke	13 luglio
21.08	-3.2	1s3-17	Sherbrooke	13 luglio
20.13 WJR WYR	0.0	1-19	Bridgetown	20 luglio
20.67	0.0	1h1-19	Bridgetown	20 luglio

2004

20.78	1.7	1-19	Spanish Town	13 marzo
21.28	0.1	1h4-19	Spanish Town	13 marzo
19.93 WJR	1.4	1-19	Hamilton	11 aprile
21.05	0.0	5h4	Athens	24 agosto

2005

20.51	1.4	1r1	Tallahassee FL	09 aprile
20.14	0.9	1	Kingston	07 maggio
20.31	-0.6	1	NewYork	11 giugno
20.90	-0.7	1h1	Kingston	24 giugno
20.91	-1.6	1s1	Kingston	26 giugno
20.27	0.5	1	Kingston	26 giugno
20.69	0.3	2s1	Nassau	10 luglio
21.00	-0.4	1h4	Nassau	10 luglio

20.03	1.8	1	Nassau	11 luglio
19.99	1.8	2	London	22 luglio
20.80	-0.4	1h5	Helsinki	09 agosto
20.87	-3.7	2q3	Helsinki	10 agosto
20.68	-0.1	4s1	Helsinki	10 agosto
26.27	-0.5	8	Helsinki	11 agosto
2006				
20.08	1.5	1	Fort de France	29 aprile
20.10	1.3	1	Kingston	09 maggio
20.28	0.5	1	Ostrava	30 maggio
20.25	0.4	2	New York	03 giugno
20.69	1.9	1r1	New York	11 giugno
19.88	0.4	3	Lausanne	11 luglio
20.29	2.5	2r1	Rèthimno	21 luglio
20.54	0.2	4	London	28 luglio
20.51	-0.5	2-22	Zurich	18 agosto
20.49	-0.2	1	Zagreb	31 agosto
20.10	-0.1	3	Stuttgart	10 settembre
19.96	0.1	2	Athine	17 settembre
2007				
19.96	1.0	1r2	Port of Spain	27 maggio
19.89	1.3	2	New York	02 giugno
19.75 AR	0.2	1	Kingston	24 giugno
20.50	-2.7	1h1	Kingston	24 giugno
20.11	0.0	2	Lausanne	10 luglio
20.08	1.2	2	Sheffield	15 luglio
20.06	-0.1	1	London	03 agosto
20.12	0.0	2h4	Osaka	28 agosto
20.13	-0.3	1q2	Osaka	28 agosto
20.03	-0.4	1s1	Osaka	29 agosto
19.91	-0.8	2	Osaka	30 agosto
20.19	0.2	2	Zurich	07 settembre
20.14	0.7	3	Bruxelles	14 settembre
2008				
19.83	0.3	1	Ostrava	12 giugno
20.66	-1.6	1h1	Kingston	29 giugno
19.97	1.7	1	Kingston	29 giugno
19.67 AR	-0.5	1	Athina	13 luglio
19.76	-0.4	1	London	26 luglio
20.64	-0.1	2h5	Beijing	18 agosto
20.29	0.1	1q1	Beijing	18 agosto

20.09	0.1	1s2	Beijing	19 agosto
19.30 WR	-0.9	1	Beijing	20 agosto
19.63	-0.9	1	Lausanne	02 settembre
2009				
20.75	-3.6	1h1	Kingston	28 giugno
20.25	-2.4	1	Kingston	28 giugno
19.59	-0.9	1rA	Lausanne	07 luglio
20.70	-0.2	1h5	Berlin	18 agosto
20.41	0.0	1q1	Berlin	18 agosto
20.08	0.0	1s1	Berlin	19 agosto
19.19 WR	-0.3	1	Berlin	20 agosto
19.57	0.0	1	Bruxelles	04 settembre
19.68	-0.3	1	Thessaloniki	13 settembre
2010				
19.56	-0.8	1	Kingston	01 maggio
19.76	-0.8	1	Shanghai	23 maggio
2011				
19.86	0.7	1	Oslo	09 giugno
20.03	-0.6	1	Saint Denis	08 luglio
20.03	-1.2	1	Stockholm	29 luglio
20.30	-0.3	1h2	Daegu	02 settembre
20.31	-1.0	1s2	Daegu	02 settembre
19.40	0.8	1	Daegu	03 settembre
2012				
20.26	1.3	1sf3	Kingston	30 giugno
19.83	-0.5	2	Kingston	1° luglio
20.39	0.9	1h1	London	7 agosto
20.18	-0.6	1sf2	London	8 agosto
19.32	0.4	1	London	9 agosto
19.58	1.4	1r2	Lausanne	23 agosto
19.66	0.0	1	Zürich	30 agosto

300 metri

2010				
30.97 AR		1	Ostrava	27 maggio

400 metri

2001			
48.28	2-17	Bridgetown	14 aprile
2002			
47.33	1-17	Nassau	30 marzo
47.4h	1-17	Kingston	20 aprile
47.12	1-17	Bridgetown	05 luglio
48.00	1h2-17	Bridgetown	05 luglio
2003			
47.82	2-19	Spanish Town	01 marzo
47.94	2s1-18	Kingston	04 aprile
45.35	1-18	Kingston	05 aprile
46.35	1-19	Port of Spain	19 aprile
48.64	2h1-19	Port of Spain	19 aprile
48.36	2h2-17	Sherbrooke	10 luglio
DNS	s1-17	Sharbrooke	11 luglio
2006			
48.5h	1	Kirkvine	14 gennaio
47.58	3	Kingston	28 gennaio
2007			
45.92	1r1	Kingston	10 febbraio
45.62	1rB	Baie Mahault	01 maggio
45.28	3r2	Kingston	05 maggio
2008			
46.94	1r10	Kingston	26 gennaio
2009			
46.35	1	Kingston	14 febbraio
45.54	1r4	Kingston	21 febbraio
2010			
45.87	1r4	Kingston	13 febbraio

Fonti

ALESSANDRINI G., *Usain il rivoluzionario*, «La Corsa», anno 29, ottobre 2009, p. 26
ALESSANDRINI G., *Usain l'ha fatto apposta*, «Tuttosport», 30 agosto 2011, p. 18
ALESSANDRINI G., *L'ultimo film di Usain,* «La Corsa», n. 187, ottobre 2011, p. 33
AUDISIO E., *A volte mi sento come un condannato, ma a Londra vedrete*, «la Repubblica», 26 maggio 2011, p. 56
AUDISIO E., *Carl Lewis non si fida,* «la Repubblica», 17 ottobre 2011, p. 39
AUDISIO E., *Golden Bolt studia da Owens «Quattro ori alle Olimpiadi»,* «la Repubblica», 13 novembre 2011, p. 62
AA.VV., *Bolt: vincerò ma senza record*, «Corriere dello Sport-Stadio», 21 agosto 2011, p. 21
AA.VV., *Il mito Quarrie non ha dubbi: «Rivedrete il vero Usain»,* «Il Corriere dello Sport – Stadio», 1° settembre 2011, p. 19
AA.VV., *Ora è davvero leggenda*, «Atletica», anno 46, dicembre 1980, p. 17
AA.VV., *Giamaicano dopato,* «La Gazzetta dello Sport» (rubrica: TutteNotizie&Risultati), 25 maggio 2010
AA.VV., *C'è Nuria Fernandez. La Spagna la ripudia,* «La Gazzetta dello Sport», 4 marzo 2011, p. 31
AA.VV., *Lewis contro Usain «Crescita sospetta»,* «La Gazzetta dello Sport», 25 agosto 2011, p. 42
AA.VV., *Doping, confermato Mullings, rischia la squalifica a vita,* «La Gazzetta dello Sport», 20 agosto 2011, p. 47
AA.VV., *Doping: Mullings squalificato a vita!*, «La Gazzetta dello Sport», 23 novembre 2011, p. 34

AA.VV., *Lo sprint è regale,* «La Corsa», n. 187, ottobre 2011, p. 51
AA.VV., *Bolt: «2011 buon anno. Farò un paio di 400»,* «La Gazzetta dello Sport», 4 gennaio 2012, p. 33
BOLDRINI S., *Giochi proibiti*, Limína Edizioni, Arezzo 2008, pp. 28-30
BUONGIOVANNI A., *Lo stop di Bolt. Mal di schiena. Torna nel 2011*, «La Gazzetta dello Sport», *11 a*gosto 2010, p. 31
BUONGIOVANNI A., *Doping shock – positivo Mullings, il numero tre dei 100,* «La Gazzetta dello Sport», *12 a*gosto 2011, p. 40
BUONGIOVANNI A., *Bolt va per il bis «Solo così sarò una leggenda»,* «La Gazzetta dello Sport», 26 agosto 2011, p. 36
BUONGIOVANNI A., *Il doping macchia il miracolo Giamaica,* «La Gazzetta dello Sport», 25 luglio 2009, p. 38
COLOMBO C., *Ma che dice il Prof?,* «La Corsa», n. 187, ottobre 2011, p. 16
FAVA F., *L'era dei super uomini, uno studio USA: il re dei cento cresciuto di 27 centimetri in 80 anni,* «Corriere dello Sport», 22 luglio 2009, p. 26
GRANDESSO A., *Bolt a Parigi testa Lemaitre «È già veloce»,* «La Gazzetta dello Sport», *7 l*uglio 2011, p. 44

IACOMUZZI S., VIBERTI G., VIBERTI P., *Storia delle Olimpiadi – Gli ultimi imortali,* SEI – Società Editrice Internazionale, Torino, 2011

IACOMUZZI S., *Storia delle Olimpiadi*, Einaudi Editore, Torino 1976, p. 224
JACOMUZZI S., *Storia delle Olimpiadi,* Einaudi Editore, Torino 1976, p. 399
LOPES PEGNA M., *La verità di Victor Conte «così ho dopato lo sport»,* «La Gazzetta dello Sport», *20 o*ttobre 2011, p. 37
McDougall C., *La corsa perfetta,* «Internazionale», n. 927, 8/15

dicembre 2011, pp 56-59
MELI E., *Perché l'uomo è vicino all'ultimo record,* «Corriere della Sera – Salute», 17 luglio 2011, p. 44
MERLO G., *La Svizzera a lezione del Prof. Bolt,* «La Gazzetta dello Sport», 7 luglio 2009, p. 29
MOLINARO P., *Bolt-Mennea. In campo a Roma. Usain abbraccia la Freccia del Sud*, «La Gazzetta dello Sport», *25 m*aggio 2011, p. 34
MOLINARO P., *Il miglior Bolt dell'anno più veloce della pioggia,* «La Gazzetta dello Sport», *10* giugno 2011, p. 33
MOLINARO P., *Powell è tornato «Motore cambiato per battere tutti»,* «La Gazzetta dello Sport», 3 luglio 2011, p. 31
MOLINARO P., *Bolt resta Bolt. Quest'anno ha fatto fatica. Ma vincerà tutto lui,* «La Gazzetta dello Sport», 25 agosto 2011, p. 42
MOLINARO P., *La 4x400 a Londra, voglio battere Lewis,* «La Gazzetta dello Sport», 13 novembre 2011, p. 32
NARDUCCI F., *Bolt «Fatico, ma vinco. E di più ora non valgo»,* «La Gazzetta dello Sport», 24 luglio 2011, p. 40
PICARDI G., *La pioggia rallenta la rinascita di Bolt, «Ma ora va meglio»,* «Corriere della Sera», 10 giugno 2011, p. 67
PROIETTI S., Stretti A., *Io corro*, «La Corsa», *n. 183, f*ebbraio 2011, p. 29
QUERCETANI R., *Atletica, Storia dell'Atletica mondiale dal 1860 ad oggi,* Editrice Vallardi, Milano 2008, p. 377
RONCATO A., *Usain Bolt*, «XL» («*l*a Repubblica»), anno IV, n. 46, giugno 2009, p. 32
VULPIS M., *Bolt testimonial a vita di Puma,* «Italia Oggi», *22 a*gosto 2009, p. 12
ZAGAGLIA E., *Usain Bolt e la tecnica,* www.noivelocisti.net, 28 gennaio 2010

Ultime uscite
della collana
Storie e miti

Andrea Baldini,
Pechino, la città proibita
Storia di un'Olimpiade

Gianluca Arcopinto e Elisabetta Pandimiglio,
Il camoscio e il borraccino
Vito Taccone

Emiliano Fabbri,
L'Equilibrista
Vita e opere di Esteban Cambiasso,
centromediano metodista quasi allenatore

Giuliano Orlando,
Rocky Marciano l'invincibile

Matteo Morandini,
Li chiamavano *ye-ye*
Il secondo scudetto viola
e la storia di un calcio che non c'è più

Mauro Suma,
La maglia più bella
Ibra, orgoglio rossonero

Italo Cucci,
Il mondo di Giacomo Bulgarelli

Adolfo Mollichelli,
Lassù qualcuno li ama
Napoli, il più bel film di De Laurentiis

Matteo Musso,
Il favoloso mondo di Francesca
Francesca Schiavone si racconta

Enzo Catania,
Minchia che Palermo!
Romanzo di un amore rosanero

Andrea Bacci,
Essere Mike Tyson
Vita, successi ed eccessi del più discusso campione
della storia della boxe

Francesco Persili,
Il conte Max
Da Galeone al Milan:
la forza tranquilla di Massimiliano Allegri

Luigi Panella,
La strategia del Tasso
I giorni di Bernard Hinault

Stefano Cieri,
Il ritorno dell'Aquila
La rinascita della Lazio, un club, mille storie

Luca Pisapia,
Gigi Riva ultimo *hombre vertical*

Fabrizio Turco,
La rivoluzione del '76
L'ultimo scudetto granata

Nicola Melillo,
Io, Ribot
La mia vita da Figlio del Vento

Andrea Bartali,
Gino Bartali, mio papà

Pietro Paolo Mennea,
(con Daniele Menarini)
La corsa non finisce mai

Marco Bollesan,
(con Gabriele Remaggi)
Una meta dopo l'altra
Della vita e del rugby

Alvise Cagnazzo e Umeboshi,
Mai dire Nagatomo
Una storia d'Oriente

Rino Tommasi,
Maledette classifiche
Tra boxe e tennis,
vita e imprese di 100 campioni

Gian Paolo Ormezzano,
Pronto, qui Enzo Ferrari...
Storia di un'amicizia
tra un giornalista e un grande uomo

Tania Cagnotto,
(con Stefano Bizzotto)
Che tuffo, la vita!

Antonella Biscardi,
Tutto (o quasi) su mio padre
Con Aldo, due punti di vista paralleli

Valerio Piccioni,
Il velocista partigiano
La vita di Manlio Gelsomini
dai 100 metri alle Fosse Ardeatine

Finito di stampare
nel mese di maggio 2013
per conto della TEA S.p.A., Milano
da Press Grafica – Gravellona Toce (VB)
Printed in Italy